ちくま新書

科学報道の真相

――ジャーナリズムとマスメディア共同体

瀬川至朗

Segawa Shiro

JN178583

1231

科学報道の真相――ジャーナリズムとマスメディア共同体【目次】

序章

科学報道はなぜうまくいかないのか

†新聞社でのロマン論争

新聞社のデスク時代に、ロマン論争をしたことがある。

といっても、美術や音楽、文学でいわれるロマン派についての議論ではない。

私がデスクをしていた日に、米国のハッブル宇宙望遠鏡が撮影した天体の新しい画像が公開された。どんな画像だったかは残念ながらおぼえていない。紙面を組んでくれる整理部との事前の話では、朝刊の第二社会面に載せてくれる予定になっていた、はずだった。ところが、紙面のゲラ刷りにはハッブルの記事がはいっていない。私は整理部のデスク席に行き、載っていないことにクレームをつけた。整理部デスクからは「要らないでしょ。意味がわからない」と言われてしまった。

たしかに、ハッブル宇宙望遠鏡が撮影する天体や銀河の画像は、何かストレートな新発見を意味するというよりも、宇宙の神秘さや魅力をイメージで伝えるという要素が強かった。そこで、わたしがとっさに言ったのが「ロマンがあるじゃないか」という言葉だった。

人の世の殺伐とした記事、暗くなるような記事が少なくない紙面で、宇宙の写真は、紙面のすき間に「宇宙の窓」があいているようで、読者にとっての清涼剤になる。そんな意味でロマンという言葉を使った。

整理部デスクからは「ロマン？　そんなもの、わからん」と反論された。私も負けていなかった。二人のデスクは立ち上がって「ロマンがある」「いや、ない」「ある」「ない」……という言い合いがしばらくつづくことになった。口角泡を飛ばすような、かなり大きな声だったので、編集局中から「何がおきたのか」と好奇の眼でみられた記憶がある。

このロマン論争の話をなぜここで紹介させてもらったかというと、政治、社会、経済などの人間社会のニュースが日々ヤマのように流れてくるなかで、日々の紙面に科学のニュースはなかなか載りにくいということを知ってもらいたかったからである。いま発生した生ニュース、役に立つニュース、重要なニュース、異常性が高いニュースなど、多くの編集者が共有する「載せる意味」（ニュース・バリュー）からは外れているということである。紙面の制作中に大きな事件が発生すれば、ハッブルの画像は真っ先に紙面から弾き出される可能性が高いだろう。「ロマン」もニュース・バリューだとおもうが、なかなか理解してもらえない。

それだけではない。紙面に記事を掲載できるかどうかは、出稿部のデスクと整理部のデスクの力関係にもよるのである。その点、編集局の社内力学においても科学部の立場は弱かった。科学ニュースに興味のない整理部のデスクが載せないと判断すれば、一般的には、科学部のデスクはそれにしたがわざるを得ない。そのような構造なのである。

†科学部創設の背景

マスメディア、とくに新聞における科学部の役割というものを少し振り返ってみたい。

新聞社の編集局のなかでは、科学部(毎日新聞の場合は科学環境部)は歴史が浅く、政治部や社会部などと比べて小世帯であり、部員の数も少ない。

朝日、毎日、読売などの日本の全国紙に科学部(あるいは科学報道本部)が創設されたのは、戦後の一九五〇年代だった。高度経済成長の始まりのころであり、米国のビキニ環礁水爆実験による第五福竜丸乗組員の被曝事件がおきたり、原子力予算が初めて計上されて国の原子力行政が動きはじめたり、原子力関係の動きが目立っていた。また、国際的な南極観測がスタートし、旧ソ連が世界初の人工衛星スプートニク1号を打ち上げており、「科学技術の華々しい応用」が科学部創設の背景となったのである。

そこから長いあいだ、科学部は科学の問題をわかりやすく伝え、解説する部署として機能していた。たとえば、地震や火山噴火といった自然災害がおきたときには、取材の中心は社会部であり、科学部記者は、専門家を取材し、科学的な面から解説記事をまとめて補佐する役目をになってきた。

†地球環境問題や原発問題で報道の主役に

一九八〇年代後半からは、それまで端役に徹していた科学部が、マスメディア報道の主役をになうケースが増えるようになった。地球温暖化問題がその端的な例である。環境問題においては、公害問題が深刻だった一九五〇年代から七〇年代にかけての取材の中心は社会部であった。地球規模の環境問題、とりわけ地球温暖化問題が注目されはじめた一九八〇年代後半からは科学部が取材の中心になる機会が多くなった。ＮＨＫが科学文化部を新設したのも一九九〇年代であった。

原子力の問題は、高速増殖炉原型炉「もんじゅ」のナトリウム漏洩事故（一九九五年）や茨城県東海村のＪＣＯにおける臨界事故（一九九九年）、さらには東京電力原発トラブル隠し事件（二〇〇二年）が相次ぐかたちでおこるようになり、科学部の出番は次第に増えていった。

世界のグローバル化が影響し、新型肺炎（ＳＡＲＳ）や鳥インフルエンザ、新型インフルエンザといった新しい感染症が次々と登場し、二一世紀をむかえた日本社会に強い危機意識がめばえた。科学専門記者の知識の蓄積と取材力がますます貴重な存在となってきた。新聞各社においては科学部の人員が少しずつ増強されていった。科学技術が社会の隅々まで浸透し、日常の出来事が科学技術を抜きには語れなくなったことが、大状況としてあるだろう。

そして、二〇一一年三月一一日。東日本大震災とそれにともなう東京電力福島第一原子力発電所の「全電源喪失」事故が発生した。とりわけ、福島第一原発の事故では、科学部記者が取材の中心にいた。緊急事態だからこそ、原子炉の状況分析や、漏れる放射線の量や影響の推定にいたるまで、日頃の蓄積がモノを言うはずである。どのメディアにおいても、科学部は連日、総動員のかたちで原発事故の最前線を取材し報道した。

†福島第一原発事故報道におけるマスメディア不信

本書の問題意識はここからはじまる。

私自身は、二〇〇八年に、それまで記者として仕事をしていた毎日新聞から早稲田大学へと籍を移した。この年の四月、高度専門職業人としてのジャーナリスト育成をめざす早稲田大学ジャーナリズム大学院（政治学研究科ジャーナリズムコース）が創設され、その運営と授業を担当するためであった。二〇一一年の福島第一原発事故は、一人の読者・視聴者として、外側からマスメディアの報道に接するようになっていた。

福島第一原発で発生した全電源喪失は、日本がかつて経験したことがない深刻な事故であった。事故発生当初を回想すると、当時の私は、この原発事故の最悪の事態とは何なのか、その事態が起きたときに人々はどう対応すればよいのか、ということをひたすら思案していたようにおもう。最悪の事態として自分なりに想定したのは、炉心にある核燃料棒が高温になって溶解し炉心全体が溶け落ちてしまう「炉心溶融」がおきることであり、炉心溶融の影響で原子炉内から大量の放射性物質が環境中に拡散し、二〇〇キロ余り離れた東京の人々も避難を余儀なくされるということだった。

しかしながら、新聞やテレビは、その時々の官房長官、原子力安全・保安院、東京電力の記者会見の様子を熱心に報じるのだが、炉心溶融や最悪の事態についてはほとんど言及しないようにおもえた。何か、最悪のシナリオを語ることを避けているように感じ、もどかしさと不安はよけいに強まったのを覚えている。私と同じようにマスメディアの報道に不信感をいだいていた人は少なくないはずである。東日本が壊滅するという最悪の事態も想像しながら、底知れぬ不安のなかでマスメディアだけでなく、ソーシャルメディアの情報にかじりつき、自らの行動の糧にしようとしていた。

マスメディアの原発事故報道を人々はなぜ信頼しなかったのか。理由として考えられるのは、市民に伝えてほしいことがマスメディアからは伝わってこない、そこに何か統制がはたらいているのではと感じたからだろう。

そしてその問題は、科学報道に特有の問題というよりも、マスメディアに共通する、もっと大きな、構造的な問題のようにみえた。

†STAP細胞報道と地球温暖化報道でも見えてきた問題

科学報道という点では、二〇一四年一月にあった、理化学研究所のSTAP細胞論文にかんする報道が議論をよんだ。「生物学の常識を覆す」とも評された科学の基礎研究の報道であった。当初、マスメディアは研究成果を一面トップで大々的に報道した。科学研究の本筋とは関係がない部分で、研究グループの中心となった若い女性研究者の個人的な側面にスポットライトがあてられた。マスメディアははしゃぎ過ぎでは、と厳しい声があがった。研究データの不自然さに疑いの目が向けられると、今度は一転して、理研と研究グループにたいする批判と追及の報道が強まった。徹底的な持ち上げから徹底追及へと変わり身が早いようにみえた。マスメディアは、なぜもっと当初から冷静に報道できなかったのかと指摘された。

近年の報道では、二〇一五年一二月に「パリ協定」が採択された地球温暖化問題でも、科学記者が活躍している。地球温暖化問題は見えにくい、わかりにくいテーマである。温暖化の仕組みはまだ解明されていない部分が残っており、いわゆる「科学的な不確実性」の問題が常につきまとう。温暖化については人間活動によって出される二酸化炭素などの温室効果ガスが原因だとする温暖化人為起源説が主流である。ただし、人間活動ではなく自然変動によるものだと考える温暖化懐疑論も根強い。

二〇〇九年には、温暖化のデータを都合のいいように操作しているのではという疑惑が発覚し、クライメート事件と名づけられて注目された（結果として疑惑は否定された）。クライメート事件がきっかけで温暖化懐疑論が脚光を浴びることにもなった。温暖化報道では、懐疑論の扱い方が、日本と米国では対照的だという指摘がある。「公平・中立」な温暖化報道というとき、どのような報道が適切なのか。日本のマスメディアは温暖化懐疑論を扱わなさすぎるのではないか。そこにマスメディアの構造的な問題はないのだろうか。

第1章から終章までの構成

以上のような問題意識から、本書では、福島第一原発事故、STAP細胞問題、地球温暖化問題という三つの「科学事件」についてのマスメディア報道の考察を試みることにした。本書で使う「マスメディア」とは、定期的に日々（あるいは二四時間）の報道をしている新聞・テレビ・通信社をさすことにしている。週刊あるいは月刊の雑誌は、報道の特徴が新聞・テレビと大きく異なるため、今回は対象としなかった。

本書の第1章から終章までの構成と概要は以下のようになっている。

第1章はSTAP細胞論文の報道を取りあげ、「メディアはなぜ見抜けなかったのか」という視点で考えた。マスメディアは、理化学研究所という「権威」による記者発表を過度に信用し、「学術誌掲載型報道」の枠を超えた「ノーベル賞型報道」をしていた。研究不正については積極的に報道したものの、マスメディア自身の「誤報」の自己検証はおこなっていない。論文発表報道の背景には、ネイチャー誌などの学術誌によるマスメディア報道の統制という問題がある。

第2章は福島第一原発事故を取りあげ、「大本営発表報道は克服できるのか」という視点で考えた。事故発生当初の原子炉内の炉心溶融に関係して、マスメディアの初期報道は、政府・東京電力の記者会見の内容にほぼ沿った「発表報道」になっていた。記者会見をする原子力安全・保安院と東京電力は炉心「損傷」という言葉を使って事故の矮小化を図り、新聞報道も「本格的な炉心溶融はおきていない」というメッセージを読者に伝えた。そのなかでは、朝日、毎日の二紙は「炉心溶融は一部でおきている」とするポジティブな言説が目立つのにたいし、読売・日経の二紙は「おきているのは炉心損傷だ」とするネガティブな言説が目立ち、四紙の態度が分かれた。1号機、2号機の「全電源喪失」事故については、「想定外」だったという東電の認識を、マスメデイアがそのまま踏襲した報道がつづいている。

　第3章は地球温暖化問題を取りあげ、「公平・中立報道」が意味するところを考えた。科学的な不確実性が指摘され、温暖化懐疑論も主張されるなかで、地球温暖化報道における公平さや中立性に絶対的なものは存在せず、「科学者集団からみた公平さ」「市民からみた中立性」というように、特定の立場や視点に依存した相対的なものであることをしめした。また、日本のマスメディアにおいて懐疑論の報道が少ないのは、IPCC（気候変動に関する政府間パネル）という公的組織を「権威」として強く信頼していることが背景にあることが推察された。

　第3章までの事例の考察から、権力や権威に依拠する発表報道というマスメディアの構造がみえてくる。また、「客観報道」あるいは「公平・中立報道」といったジャーナリズムの規範といわれるものが、じつは規範にはなり得ない可能性が示唆された。

　そこで第4章では、マスメディア組織がそれぞれの報道を介して自己完結的に結びつく「マスメディア共同体」という概念を提唱し、記者クラブのA記者の仕事ぶりを想定しながら考察を加えた。取材者―取材対象者のカップリングが構造的な問題として浮かびあがってきた。

　第5章では、米国のコヴァッチらが提唱している「ジャーナリズムの一〇の原則」を参考にしながら、「客観報道」と「公平・中立報道」の問題点を考察した。この二つの「規範」はジャーナリズムの原則にはふさわしくなく、重要なのは、一〇原則にはいっている「検証の規律」と「独立性」だということを提示した。

終章では、「科学者と科学ジャーナリスト」という視点で、両者の関係性について考察した。研究機関や大学の外部資金の獲得競争が激化し、科学研究の成果主義が強まり、そうした点が研究の過剰なＰＲや研究不正とつながりやすいことを指摘した。科学ジャーナリストは、権力や権威に頼ることなく、研究者からの不適切なアプローチに自ら対抗できる力を身につける必要がある。また、科学は確実なものであるという「固い」科学観が日本の社会に広く流通しており、そのことが、マスメディアの科学報道を歪めている可能性を推察した。

第1章

メディアはなぜ見抜けなかったのか――STAP細胞問題

†夜のネット・テレビに流れた「大発見」

二〇一四年一月二九日夜。理化学研究所の小保方晴子氏らのグループが新しい万能細胞であるSTAP細胞の作成に世界で初めて成功したというニュースが、新聞社のニュースサイトで流れはじめた。[1]

・《理研、万能細胞を短期で作製　iPS細胞より簡単に》（日経新聞　一月二九日午後九時〇〇分）
・《新しい万能細胞作製に成功　iPS細胞より簡易　理研》（朝日新聞デジタル　一月二九日午後九時一七分）

見出しにはまだ「STAP」の文字はみあたらなかった。iPS細胞よりも作成が簡単な「新しい万能細胞」という触れ込みだった。

ネットでは、新聞社のネットサイトとヤフーのようなネットメディア、そしてソーシャルメディアによる情報発信があった。STAP細胞のニュースは、二九日夜のうちに広くネットユーザーやスマホユーザーに届けられることとなった。

テレビでは、テレビ朝日系の「報道ステーション」が夜一〇時前に速報ニュースとしてSTAP細胞のニュースを取り上げた。報道ステーションの速報をうけて、ソーシャルメディアのツイッターのタイムライン上には、午後一〇時過ぎに「理化学研究所の小保方さんって人が可愛い過ぎる‼」というコメントがツイートされた。

ネットニュース界のガリバー、ヤフー（Yahoo！）ニュースの「顔」であるヤフー・トピックスには、一月二九日午後一〇時二一分に「iPSより簡単　新しい万能細胞」という見出しの神戸新聞の記事が掲載された。小保方氏が所属していた理化学研究所の発生・再生科学総合研究センター（CDB＝その後、多細胞システム形成研究センターに改称）は神戸市のポートアイランドにあり、神戸新聞はCDBにとっての地元新聞であった。午後一一時からのTBS系のニュース23もSTAP細胞のニュースを視聴者に伝えた。

当時のツイッターのタイムラインからは、「STAP細胞」のニュースに初めて接したときの人々の高揚ぶりを知ることができる。[2]

「なんじゃこりゃ～すごすぎる‼　神様⁉」

「嘘みたいな成果だが、本物なんだから凄いな」

「すげー！　しかも理化学研究所のリーダー、三〇才の女性だ！　若者、女性の活躍ってのがすごい！」

「生物の教科書書き換えなきゃ」

ツイートの多くはＳＴＡＰ細胞の凄さにすなおに驚き、感心しているという内容だった。だが、当初から

「これ本当なの？　記事に書かれてる内容だけじゃあ信用出来ないです」

「ここまでくると嘘くさいと思ってしまうのは私だけではないはず。すごすぎる　本当にストレスだけで戻るものなのだろうか」

など、研究成果の信憑性そのものに素朴に疑問を投げかけるようなコメントもみられた。

†解禁時間の混乱

以上は、グーグル検索やツイッターのタイムライン検索などにもとづいて再構成した一月二九日夜の動きである。そこからは、ネットやテレビの情報がある「震源」から少しず

つ拡散されはじめたのではなく、複数のメディアの関門が一斉に開けられ、それまで関門の内側にためられていたニュースが奔流となってネットにあふれ出たことが読みとれる。

メディア関係者以外には後にわかったことだが、本来であればSTAP細胞のニュースは二九日夜には流れていないはずだった。STAP細胞の論文は英科学誌ネイチャー(Nature)に掲載されることになっていた。ネイチャー誌は毎週木曜日に出版される。その掲載論文についてのニュース解禁時間(エンバーゴ時間)はグリニッジ時間で毎週水曜日の午後六時と決められている。報道は発行日前日の夕方まではダメという意味で、世界のメディアがネイチャー誌からの要請を守っている。

エンバーゴ時間は、時差の関係で、日本時間では木曜日午前三時となる。深夜なので、テレビのニュースはない。この時間を待ってネットニュースが解禁となる。ネイチャー誌の掲載論文については、日本の新聞は木曜日の朝刊、テレビは木曜日の朝からニュースを流せる仕組みができあがっている。

STAP論文の場合も、エンバーゴ時間が厳格に適用され、二〇一四年一月三〇日午前三時が解禁時間のはずだった。ところが、イギリスのメディアが解禁時間を破って一足早く報道し、他メディアも報道するようになったため、ネイチャー誌は急遽、解禁時間を数時間前倒しした。解禁時間の前倒しを告知するネイチャーからのメールが各メディアに届

図1-1　STAP細胞のニュースを報じる2014年1月30日の全国紙朝刊の1面（朝日、毎日、読売新聞の縮刷版を使用）

朝日新聞
刺激だけで新万能細胞
STAP細胞
iPSより作製簡単
理研、マウスで成功
トヨタ生産1000万台
昨年 世界初、海外が好調

毎日新聞
万能細胞 初の作製
簡単 がん化せず
マウスで「STAP細胞」命名
理研など

讀賣新聞
第3の万能細胞
理研チーム作製
刺激与え「初期化」
STAP細胞 iPSより簡易
優先課題 見極める力
農薬混入

いたのは日本時間で一月二九日午後八時二一分のことだったという[3]。一月二九日夜の報道は、日本のメディアにとって、予想外の混乱だったのである。

翌朝の一月三〇日朝刊では、朝日新聞、産経新聞、毎日新聞、読売新聞という全国紙はいずれもSTAP細胞のニュースを一面トップの扱いで報道した（図1-1）。日経新聞は一面二番手、四段見出しの記事だった。テレビの朝のニュース番組も大々的に取りあげた。まったく新しい万能細胞であるSTAP細胞の面白さもさることながら、三〇代前半の日本人女性研究者が世界的な研究成果をあげたというニュースが、人々のこころをとらえた。女性研究者がピンク色の壁の研究室でムーミンを抱く映像や、お祖母さんからゆずり受けたという白い割烹着を着て実験をしている映像が、研究内容とは直接関係がないものの、繰り返し放送された。STAPニュースは洪水のように「水量」を増し、日本のオーディエンス（視聴者・読者）をのみ込んでいった。テレビの情報番組は競うように小保方氏のことを取りあげた。「水量」の凄まじさは、STAPニュースと若手女性研究者にたいする日本社会の関心の高さをしめしていた。

「ワセジョですね ↓ 小保方晴子さんをリーダーとする研究チーム、STAP細胞開発に成功 ― ニュース ― 早稲田大学」

新聞の朝刊にSTAPニュースが大きく掲載された一月三〇日の夜、私は自分のツイッターアカウントで、STAPのニュースをツイートした。小保方氏の母校である早稲田大学がSTAP細胞開発成功のニュースをネットに掲載しており、そのニュースを引用しながら「ワセジョですね」とつぶやいた。ワセジョ（早稲女）という言葉は、文字どおりの「早稲田大学の女子学生」という意味のほかに、「性別を意識させない元気な女子学生」といったイメージで使われることが多い。

ずっと以前は、野暮ったいという後ろ向きのイメージが強かったといわれるが、近年の早稲田は男女ともに洗練された学生が増え、ワセジョも「女性らしさを殊更に強調しないアクティブな女性」という意味に変化してきた。当の女子学生自身がポジティブなイメージでこの言葉を用いている。「ワセジョですね」のツイートは、私自身、STAP細胞作製成功の報道をそのまま信用し、控えめではあるが、素直に喜んでいたことを物語っている。

STAP細胞論文の発表はネイチャー誌も最重要視していた。そのためネイチャー誌は事前の情報漏れにひじょうに神経質になっていた。

朝日新聞は、《ネイチャー誌、異例の厳戒態勢　情報漏れ防止、事前告知に入れず》(二〇一四年一月三〇日朝刊一七面)という見出しの記事で、ネイチャー誌による「統制」という強めの言葉をもちいながら、情報統制の経緯と解禁時間の混乱について紹介した。

†一転、科学界を揺るがす大事件に

STAP細胞をめぐるその後の動きについては、読者の皆さんはおおよそのことをご存じかもしれない。ここでは事実関係を整理するため、生物学の常識を変えるといわれた

「世界的な研究成果の発表」がその後一転して「科学界を揺るがす大事件」となっていったSTAP細胞問題の推移を簡潔にしるしておくことにする。

小保方晴子氏らのグループが、マウスの体細胞に外から刺激を与える方法で、新しい万能細胞であるSTAP細胞をつくり出すことに成功したという記者会見を開いたのは二〇一四年一月二八日のことだった。会見場所は、神戸市にある理化学研究所発生・再生科学総合研究センター（CDB）にセットされた。小保方氏は当時、CDBのユニットリーダーというポジションについていた。共同研究者の笹井芳樹氏（CDB副センター長＝当時）と若山照彦氏（山梨大学教授）が同席し、三人で記者会見にのぞんだ。

万能細胞は、さまざまな細胞や臓器に変化できる万能性を有する、分化前の幹細胞のことである。これまでにES細胞（胚性幹細胞）、iPS細胞（人工多能性幹細胞）が知られている。STAP細胞は、弱酸性の液体で刺激するだけという簡便な方法で作成できる第三の万能細胞として注目された。

記者会見は、STAP細胞についての二本の研究論文が英科学誌ネイチャーに掲載されることを知らせるものだった。記者会見後、ただちにニュースとして流れることはなく、ネイチャー誌の発行日に合わせて報道解禁の時間が設定された。

すでに触れたように、日本のテレビや新聞はSTAP細胞開発成功のニュースを大々的に報道した。小保方氏が若い女性研究者だったことから、「リケジョ」(理系女子)という言葉とともに、ファッションや「実験ウェア」としての割烹着、キャリア、子ども時代のことなど、小保方氏の人物像に焦点をあてたニュースが報道された。中学二年生のときに『ちいさな　ちいさな王様』という本について書いた感想文が青少年読書感想文千葉県コンクールで教育長賞を受賞したことが話題になり、『ちいさな　ちいさな王様』が売り切れになる現象もおきた。

しかし、礼賛の時期は長くはつづかなかった。二月初めにはネイチャー論文の画像の不自然さがネットで指摘されるようになり、STAP研究の信頼性に疑問符がつきはじめた。新聞は二月中旬ごろからSTAP論文の疑問点を報じるようになった。

研究グループが所属する理化学研究所は二月に内部の調査委員会を立ち上げて調査に着手し、四月の最終報告書で、ネイチャー論文のデータ画像に重大な捏造や改竄といった研究不正があると認定した。ネイチャー誌は七月、二本のSTAP論文を取り下げた。また、理研は外部有識者で構成する調査委員会をつくって再度調査し、一二月、STAP細胞といわれていた細胞の正体は、別のES細胞が混入したものと結論づけた。誰が混入したのか、どの過程で混入したのかという疑問は解明されないまま、調査を終了した。

一方、理研は、小保方氏も参加して、STAP細胞の再現実験を実施した。一二月、理研はSTAP細胞の再現はできなかったと発表した。小保方氏は同月、理研を退職した。二〇一五年九月には、米ハーバード大が中心となり、米国、中国、イスラエルの計七グループが実施したSTAP細胞の再現実験の結果がネイチャー誌に掲載された。計一三三回の実験すべてで再現に失敗したという。

この間、小保方氏の上司で共同研究者である笹井芳樹氏が二〇一四年八月に神戸市の理研の建物内で自殺する事件がおきた。

ネイチャー誌のSTAP論文とは別に、小保方氏の早稲田大学での博士論文にも、文章の盗用などの問題が見つかった。早稲田大学は二〇一五年一一月、小保方氏の博士号授与を取り消した。

†誰もが「騙された」気分に

以上が、STAP細胞問題をめぐる事態の推移である。

一言でいうと、STAP論文の画像の不自然さがきっかけとなって論文の信憑性にたいする疑問が提起され、その後の検証作業や再現実験の結果、論文でしめされたSTAP細胞は架空のものだと結論づけられた、ということである。「騙された」というと、騙した人を特定し、その人の意図を証明する必要があるため、決して容易なことではない。だが、STAP細胞研究を信じていた研究者やジャーナリストにとっては、「騙された」という表現がその気分にぴったりくるであろう。二〇一四年一月にSTAP細胞の作製成功が記者会見で発表された時点では、ほとんどの研究者やジャーナリストは、STAP細胞が怪しい存在であるかもしれないことを見抜けていなかった。

STAP論文をめぐって批判の矢面に立ったのは、小保方氏や笹井氏らを中心とする研究グループと彼ら彼女らが所属する理研である、同時に、当初、STAP細胞の研究成果を「生物学の常識を覆す」ものとして華々しく報道したマスメディアにも批判と不信の矛先が向けられた。マスメディアの側には、自分たちも理研の研究発表に騙された被害者だ、という意識が心のどこかにあるのかもしれない。しかし、テレビや新聞のオーディエンスは、マスメディアはSTAP細胞や小保方氏を過剰にもてはやした、騒動の仕掛け人であり、被害者というより、問題をおこした当事者の一部だとの印象をもっている。

テレビや新聞のSTAP報道にたいする批判は次のように四つの疑問点として整理することができるだろう。

（疑問点1）マスメディアは、STAP細胞開発成功の論文を、なぜ理化学研究所の発表を鵜呑みにするかたちで、「世界的な科学ニュース」として大々的に報道したのか（ニュース価値判断の問題）

（疑問点2）研究の中心にいる小保方氏が若手の女性研究者であることに過剰に反応し、小保方氏の人物についての報道ばかりが繰り返された。研究成果の紹介や意義に焦点が当てられなかったのは科学報道としては不適切ではないか（ニュース・フレームの問題）

（疑問点3）研究不正の指摘はネットが先行し、マスメディアは後追いの報道になったのではないか（調査報道機能の欠如）

（疑問点4）「世界的な研究成果」として大々的に報道していたマスメディアは、研究不正疑惑がわかると一転「科学界を揺るがす大事件」として批判的に報道するようになった。自らの報道に対する責任と反省が欠如しているのではないか（自己検証の欠如）

四つの疑問点について、それぞれなにが問題だったのか、順に具体的に検討してみたい。

†初報を載せないという判断は可能だったか

（疑問点1）マスメディアは、STAP細胞開発成功の論文を、なぜ理化学研究所の発表を鵜呑みにするかたちで、「世界的な科学ニュース」として大々的に報道したのか（ニュース価値判断の問題）

理研の記者会見をうけて掲載された二〇一四年一月三〇日の朝日新聞朝刊の紙面を見てみよう。一面トップの本記記事と解説記事のほか、二面にサイド記事として「時時刻刻」と「ニュースがわかる!」、科学面に記者会見の詳報とネイチャー誌の情報統制についての記事、そして社会面に小保方氏の人物記事があり、計七件の記事が載っている。どの面も大きな扱いになっている。それぞれの見出しは次のとおりだ。

◇一面

・《刺激だけで新万能細胞　理研、マウスで成功　STAP細胞　iPSより作製簡単》

・《科学の常識覆す》

◇二面

・（時時刻刻）《万能細胞、新時代　ＳＴＡＰ細胞、液に浸して二五分で誕生》《臨床応用までには課題》《国も研究を後押し》

・（ニュースがわかる！）《新しい万能細胞、できたんですって？》

◇科学面

・《様々な組織へ、高い分化能力　ＳＴＡＰ細胞　小保方晴子リーダー会見》《「説得できるデータ収集　難しかった」》

・《ネイチャー誌、異例の厳戒態勢》《情報漏れ防止　事前告知に入れず》

◇社会面

・《負けん気培養、三〇歳大発見　ＳＴＡＰ細胞　小保方晴子さん》《泣き明かした夜　明日一日だけ頑張ろうって》《化学畑から挑戦》《かっぽう着愛用》

†科学記者の高揚

たしかに、日本人研究者がノーベル賞に決まったときのような派手な紙面展開である。一面トップのリード文からは、取材した科学部の記者やデスクたちの高揚ぶりが伝わってくる。

理化学研究所などが、まったく新しい「万能細胞」＝キーワード＝の作製に成功した。マウスの体の細胞を、弱酸性の液体で刺激するだけで、どんな細胞にもなれる万能細胞に変化する。いったん役割が定まった体の細胞が、この程度の刺激で万能細胞に変わることはありえないとされていた。生命科学の常識を覆す画期的な成果だ。二九日、英科学誌ネイチャー電子版のトップ記事として掲載された。

この記事は、科学研究、とりわけ新しい科学的知見にかかわる発表報道の場合に、一般的に、してはいけない書き方をしている。それは、冒頭の「理化学研究所などが……作製に成功した」という記述に象徴される。つまり、本来であれば、「作製に成功した、と発表した」とすべき性質のものを、「成功した」と断定している点である。記事のトーンは強まるが、その断定は朝日新聞が責任をもってしたことになる。後につづく「万能細胞に変化する」「生命科学の常識を覆す画期的な成果だ」という断定も、同じように、朝日新聞の判断として記述している。責任をもっての断定であればかまわないのだが、そうでないのであれば、「作製に成功したという研究成果を、ネイチャー電子版に掲載した」といった事実描写に徹すべきだったと思う。

初報の表現に疑問

なぜか。

新しい発見や知見は科学研究の世界にとってたいへん重要であり、駆動力になるものだが、発表の時点では、まだ他の研究者が検証をしていない有力な仮説にすぎない。新しい仮説は、他の研究者たちの検証や再現実験を経ることで、「検証された仮説」として真実性が増すことになる。その意味では、STAP細胞の作製成功は、その後の検証作業による確認をつうじて「画期的な成果」といえるようになるわけで、論文掲載の段階では、かなり冷静で、抑制的な表現にする必要があった。

もちろん取材した記者たちは科学取材のプロであり、おそらく、そのことは十分に認識していたと思う。ではなぜ抑制的であることの必要性を知りながら、勇み足をしたのであろうか。

ニュースにたいする正当性の付与、という仕組みがはたらいたと私は考えている。

ある情報が事実かどうかを確認するために、ジャーナリストはどんなことを心がけているだろうか。第一に、できるだけ多くの情報源に取材をして、その情報の信憑性を確かめることが必要になる。その場合、情報源に求められることはなんだろうか。情報源といっても、自分の知人が「そういう話を聞いたことがある」といった程度では、当然のことながら、その情報の信憑性を確かめることは難しい。

一方で、情報源が、その分野を研究している専門家であれば、情報の信憑性についての確認の精度が上がる。専門家はその分野について豊富な知識を有しており、その知識をもとに科学的な根拠にもとづいた判断や意見を提供してくれることを期待できるからだ。このことは、情報源の信頼度が重要だということを教えてくれる。信頼度の高い情報源が複数あり、その数が多いほど、その情報の信憑性は高まる。情報にたいして正当性が付与されたことになる。

†正当性の付与という視点

STAP細胞の研究の場合、この正当性はどのように付与されているだろうか。

第一に、若手研究者である小保方氏はともかくとして、共同研究者に、笹井芳樹氏、若山照彦氏、チャールズ・バカンティ氏ら、幹細胞研究や再生医療研究の分野で国際的に名前をよく知られた、錚々たるメンバーがならんでいる。共同研究者による正当性の付与があると考えられる。

第二に、ＳＴＡＰ細胞研究がネイチャー誌に掲載されたことがあげられる。ネイチャー誌は、世界の研究者が掲載をめざす一流の科学専門誌であり、専門研究者による査読（ピアレビュー）でリジェクト（不採用）されることも多い。その査読を通過して掲載が決まったこと自体が、研究の信用度を上げるのに十分だったと考えられる。掲載誌による正当性の付与ということになる。専門家による査読の仕組みについては、のちほどみていきたい。

第三に、外部の専門家のコメントによる正当性の付与があげられる。朝日新聞のＳＴＡＰ細胞報道では、ｉＰＳ細胞の研究で二〇一二年のノーベル医学生理学賞を受賞した山中伸弥氏（京都大学ｉＰＳ細胞研究所所長）の「重要な研究成果が、日本人研究者によって発信されたことを誇りに思う。人間の細胞からも同様の手法で多能性幹細胞（万能細胞）が作られることを期待している」とするコメントが掲載されている。

このようにみてくると、ＳＴＡＰ細胞の研究のニュースには各方面から高い正当性が付与されていたといえるだろう。京都大学再生医科学研究所長を務めた発生生物学者の中辻憲夫氏（京都大学教授）が「発生生物学者として、ＳＴＡＰ細胞の報告は本当に驚きましたが、小保方晴子さんと一緒に論文に名前があったのが信頼できる方ばかりで安心できた」（『朝日新聞』二〇一四年二月一三日朝刊三〇面）とコメントしている。まさに、正当性の付与というはたらきにより、専門家である中辻氏も、STAP細胞の研究成果を信頼していたといえる。

†疑いの眼差しは難しかったのか

当の小保方氏はまだ無名であったとしても、STAP論文には幹細胞・再生医療研究におけるスター級の研究者が名を連ねた。そして信頼できる専門研究者がSTAP論文を前向きに評価するコメントを寄せていた。報道の根拠が公式の記者会見であったこと、その会見をひらいた理研のCDBが、日本における再生科学研究の最前線の研究機関であったことも正当性の付与を強化する要素になるだろう。これだけ正当性を付与する要素がそろうと、科学分野に強いジャーナリストにしても、STAP細胞の研究成果に最初から疑いの眼を向けることは難しかっただろうと推察する。ただ、元朝日新聞科学医療部長の尾関章は、STAP細胞の第一報を一面で掲載した二〇一四年一月三〇日朝日新聞朝刊をながめたときに、二つの箇所でひっかかり、「なにか空疎感のような感覚に襲われた」としている[4]。

STAP細胞について発表当初から取材をつづけ、『捏造の科学者 STAP細胞事件』(文藝春秋)を著した毎日新聞科学環境部記者の須田桃子は、記者会見前にネイチャー誌の発行会社から提供された論文のゲラ刷りを、専門の研究者に読んでもらい、意見を聞いたという。研究者からは前向きに評価する声が届いた。「研究者達の反応を受け、やはりこれは特別な成果だ、という思いが強まった」と須田は本に書いている。

新たな万能細胞としては、東北大学のチームが二〇一〇年に発表した「Ｍｕｓｅ細胞」があったが、この発表については専門家が賛否両論に分かれたため、新聞では一面に掲載されなかったという。「ＳＴＡＰ細胞はＭｕｓｅ細胞のときと明らかに反応が違う。一面はほぼ確実だろうと思った」と振り返っている。

†iPS心筋細胞事件との比較

正当性の付与の問題を考えるさいに、比較対象となりうる科学報道事件がある。二〇一二年一〇月におきた、ｉＰＳ細胞（人工多能性幹細胞）の臨床応用をめぐる誤報事件である。臨床応用の事実が確認されなかったので虚報と呼ぶべき内容だったが、本書では虚報も誤報に含まれるという観点から、誤報事件として扱う。誤報の中心となったのは二〇一二年一〇月一一日の読売新聞朝刊である。このときの一面トップの見出しは次のようなものだった。

《iPS心筋を移植　初の臨床応用　ハーバード大日本人研究者　心不全患者に》
《二月に治療　社会復帰》

記事は、ハーバード大学客員講師と自称していた森口尚史氏が、iPS細胞から心筋（心臓の筋肉）になる細胞をつくり、それを重症の心不全患者六人に細胞移植を実施していたことがわかったと報じている。申請をうけたハーバード大学が臨床応用の「暫定承認」をしたという。iPS細胞の臨床応用は世界で初めてで、細胞移植をうけた最初の患者は退院し、治療から約八ヵ月後も元気だとしるしている。

一面トップの記事には《安全性の確保課題》という見出しの解説記事と、《日本でも議論を》という見出しがつけられた日本人専門研究者（大学教授）のコメントが添えられていた。

このケースでは、日本での報道をうけたハーバード大学が、森口氏との関係を否定する声明を発表し、状況が一変した。一一日に予定されていたニューヨークの国際学会でのポスター発表も中止になった。

一転して「虚偽ではないか」との見方が強まり、結局、森口氏から臨床応用を裏づける事実の開示はなかった。スクープとして報道した読売新聞をはじめとする各メディアは

表1－1　iPS心筋細胞事件とSTAP細胞事件の比較

	iPS心筋細胞事件	STAP細胞事件
研究者の肩書き	ハーバード大客員講師	理研ユニットリーダー
情報提供スタイル	本人からの個別情報提供	エンバーゴ付き記者会見
研究発表形式	国際学会発表・学術誌掲載	学術誌掲載
共同研究者	国立大学教授	理研などの著名な研究者
紙面上のコメント	著名な研究者	著名な研究者

「臨床応用の事実はなかった」と判断した。読売新聞は同年一〇月二六日朝刊で、一ページ全面を使った誤報の検証記事を掲載した。読売新聞は誤報の中心にあったが、虚偽の疑いがでてからのすばやい取材と本格的な検証活動は評価できるものだった。

正当性の付与の仕方という観点で、このiPS心筋細胞事件と本題のSTAP細胞事件を比較検討してみよう。

比較するのは、中心的な研究者の肩書き▽情報提供のスタイル▽研究発表形式▽共同研究者▽紙面上のコメント——の各項目である。iPS心筋細胞事件とSTAP細胞事件の二つの比較は以下のようにまとめることができる（表1－1）。

iPS心筋細胞のケースにおいても、肩書き▽研究発表形式▽共同研究者という各項目で、一見、説得力をもつような正当性が付与されていると考えられる。読売新聞が森口氏の話を信用して報道した背景には、こうした複数の正当性の存在があったと思われる。

しかし、iPS心筋細胞について、それぞれの項目をさらにくわしくみてみると、「見せかけ」としかいえない正当性だったことがわかる。肩書きは、かつて短期の客員研究員だったという事実を現在の客員講師として使用していた。国際学会の発表というのは、口頭発表ではなく、参加資格がより幅広いポスター発表だった。また、学術誌への掲載というのは、査読付きの論文ではなく、研究者同士の情報交換を目的とするコメント欄への掲載のことだった。共同研究者については、当の国立大学教授が内容をチェックしないで了承し、そのまま名前を借りたものだった。

　ｉＰＳ心筋細胞のケースに比べるとＳＴＡＰ細胞のケースは、どの項目も見せかけではなく、本物だった。周辺の状況からすると、ＳＴＡＰ細胞の存在を疑うことは格段に難しかったといえる。

†割烹着・リケジョ報道は不適切だったか

（疑問点2）研究の中心にいる小保方氏が若手の女性研究者であることに過剰に反応し、小保方氏の人物についての報道ばかりが繰り返された。研究成果の紹介や意義に焦点が当てられなかったのは科学報道としては不適切ではないか（ニュース・フレームの問題）

　二〇一四年一月二八日の記者会見には笹井氏と若山氏が同席した。二人はそれぞれ幹細胞研究や体細胞クローンの研究で実績を有し、世界に名の知られた研究者である。優れた研究者二人のあいだに立つ小保方氏は、研究界に彗星のようにあらわれた「ニューヒロイン」のようにみえた。研究成果の記者会見とは別に、ピンク色に塗られた研究室でムーミンを抱く小保方氏が撮影された。お祖母さんからゆずりうけた白い割烹着を実験着にしている様子も撮影された。

とくにテレビの情報番組では、ピンク色の研究室や割烹着姿の小保方氏が繰りかえして放映された。女性アイドルのような過熱報道ぶりに「若い女性という点ばかりが報道され、科学研究の成果がほとんど報道されていない」といった批判の意見がネットに出るようになった。

初日の報道に立ち戻って検討をくわえたい。

先ほど紹介した二〇一四年一月三〇日朝日新聞朝刊を例にとると、STAP細胞の記者会見時の報道は、大きくいって、▽記者会見の発表をまとめた本記記事、▽STAP細胞や研究についての解説記事、▽主たる研究者である小保方氏についての人物記事——という三つに分けることができるだろう。

初日の紙面における解説報道と人物報道のバランスをみてみよう。朝日新聞の紙面では、二面と科学面で解説記事を詳しく掲載しており、社会面の人物記事よりも解説記事の紙面はかなり広くとっている。初日の紙面は研究内容の解説重視であり、人物記事は従のかたちで付けられていた。

ただ、初日の新聞紙面以外にも目を広げると、この問題が別の様相をみせてくるのもたしかである。アクセス数が重要になるネットニュースの世界では、STAP細胞の解説記事よりも小保方氏の人物記事が取り上げられるケースが多かった印象がある。また、テレビの情報番組も小保方氏の割烹着やファッションなど人物報道に傾きがちだったようにおもえる。

†ノーベル賞受賞型報道

ここでは、人物報道のなかでも、とくに初日の報道で社会面に掲載された小保方氏の人物記事がはたして必要だったかどうかについて考察する。結論を先に言えば、STAP細胞報道における初報の人物記事は不要だった。その理由をノーベル賞受賞報道との比較で説明してみよう。

先ほどSTAP細胞の開発成功報道の紙面展開について、「日本人研究者がノーベル賞に決まったときのような派手な紙面展開」と書いた。これは決して雰囲気としてのたとえ話ではなく、実際、ノーベル賞受賞決定時とSTAP細胞発表時の紙面構成はよく似ていたのである。

新聞の日本人ノーベル賞受賞報道には、「ノーベル賞型報道」といえるような一定のパターンがある。▽一面にノーベル賞委員会の発表資料をもとにした授賞理由と授賞研究の概要、受賞者の略歴などを記した「本記記事」、▽二・三面に研究の内容と意義を平易な言葉で説明する「解説記事」、▽社会面に受賞者の記者会見や人物像、研究者仲間や教え子、子ども時代の同級生らの祝福の声といった「人物記事」――という三本立ての構成である。これらの本記記事、解説記事、人物記事はそれぞれ必ずしも一本の記事というわけではなく、とくに解説記事、人物記事は数本の記事で構成されることが多い。二〇一五年一〇月にはノーベル医学生理学賞を大村智氏、同物理学賞を梶田隆章氏が受賞することが発表された。各紙の紙面をみると、一面から二・三面、そして社会面と大きく展開していることがみてとれる。経済面を活用し、「研究成果の経済面への影響」を書く場合もある。

STAP細胞の作製成功を伝える日の紙面も、ノーベル賞受賞報道と基本的に同じで、一面に本記記事、二・三面に解説記事、社会面に人物記事という構成になっていることがわかる。

じつは、このノーベル賞受賞報道と同じ紙面構成というのが、メディアの判断の誤りだったのではないか。ノーベル賞の研究と、学術誌に初めて掲載された研究とでは、科学共同体における位置づけは大きく異なる。本来は意味合いが異なる二つの研究を、同一列にあつかったことが判断の誤りの原点となったと考えられる。

ノーベル賞を受賞した研究と学術誌（ジャーナル）に掲載された研究。それぞれの研究の位置づけをよりくわしく比較してみよう。

†すでに評価が確立したノーベル賞研究

ノーベル賞の公式ホームページには、ノーベル医学生理学賞は「生命科学と医学における重大な発見」に贈られる賞だと書かれている。[5] それは「科学のパラダイムを変更させた」発見であり、かつ「人類に大きな恩恵をもたらす」発見でなければならないとされる。つまり、すでに重大な発見として評価が確立している研究がノーベル賞の対象なのである。

ノーベル賞公式HPによれば、ノーベル医学生理学賞の選考過程は次のようになっている。まず、スウェーデンのカロリンスカ研究所のノーベル会議（Nobel Assembly）が授賞者の選考に責任を持っている。ノーベル会議は五〇人のメンバーで構成される。候補者への絞り込みは、五人の委員で構成されるノーベル賞委員会（Nobel Committee）の役目である。毎年九月、ノーベル賞委員会は、有資格と認める世界の推薦人（過去の受賞者や専門研究者ら）に約三〇〇〇通の推薦依頼書を送り、被推薦者を集める。締切りは翌年の一月末。本人からの自己推薦は受けつけない。春から初夏にかけて、国際的に評価の高い専門家を招きながら評価報告書を作成していく。ノーベル賞委員会は九月に複数の候補者についての推薦書をノーベル会議に報告する。一〇月の第一月曜日、ノーベル会議の五〇人が投票で授賞者を決定する。

選考過程には、ノーベル賞の賞金とほぼ同じ金額の費用が投入されているという。それだけ入念な調査と評価がおこなわれている。各年の選考プロセスは五〇年間秘密にされたあと、公表される。ノーベル賞は、スウェーデン人のアルフレッド・ノーベルの遺言で一九〇一年に創設された。医学生理学、物理、化学の各賞は自然科学三賞とよばれる。その自然科学三賞の一〇〇年を超す歴史のなかで、唯一「授賞が間違いだった」といわれているのが、一九二六年にノーベル医学生理学賞を受賞したデンマークのヨハネス・フィビゲル氏の研究である。授賞理由は、線虫による胃がんの発がん過程をマウス実験で解明したことだった。しかし、のちに、フィビゲルの研究成果が間違っていたことが明らかになった。そのことはノーベル賞公式HPにも掲載されている。[6] この苦い経験から、ノーベル賞委員会は、がんに関する研究への授賞にきわめて慎重だといわれてきた。選考に間違いがあってはいけない。ノーベル賞候補者の絞り込みの過程では、対象となる研究が将来否定される可能性がないかどうかが重要なチェックポイントになっている。

†学術誌への掲載論文の位置づけは

それでは、ネイチャー誌のような一流の学術誌に掲載された研究は科学界ではどのような位置づけになるだろうか。

科学の世界では、学術誌（ジャーナル）のレベルを、その雑誌の影響度により数値化する動きがすすんでいる。影響度数値はインパクトファクター（ＩＦ、文献引用影響率）とよばれる。インパクトファクターとは何か。世界の研究者が利用する学術文献情報システム「ウェブ・オブ・サイエンス（Web of Science）」を運営する学術情報企業「トムソン・ロイター」は次のように説明している。

インパクトファクターとは特定の一年間において、ある特定雑誌に掲載された「平均的な論文」がどれくらい頻繁に引用されているかを示す尺度です。一般に、その分野における雑誌の影響度を表します。[7]

学術誌の影響度は、掲載論文がどれくらいの頻度で他の論文に引用されているかで決まってくるのである。特定の学術誌のインパクトファクターは、昨年と一昨年の二年間に当の学術誌に掲載された論文が今年、別の論文に引用された総引用数（A）を出し、その数字を昨年と一昨年の掲載論文総数（B）で割り算することによって算出する。

たとえば二〇一六年に発表されたネイチャー誌のインパクトファクターは三八・一三八。[8]総合科学分野の学術誌六三誌のトップであり、インパクトファクターが一番高い。一般に、インパクトファクターが高い学術誌ほど質の高い学術誌と考えられている。一位にランクされているネイチャー誌は、だから超一流と評されるのである。

ネイチャー誌は毎週発行され、編集部には数多くの論文が送られてくる。その中から優れた論文を選び出して掲載しなければいけない。掲載すべき論文を絞っていくのは、査読（ピアレビュー）という論文評価システムである。ネイチャー誌はHPに査読方針（ピアレビュー・ポリシー）を公表している。[9]論文掲載の基準として、四つの基準を満たす必要がある。四つの基準とは次のとおりである。

① 結論にたいする強固な証拠の提示
② 新規性
③ 特定分野の科学者にとってこの上ない重要性
④ 理想的には他の関連分野の研究者にとっての興味深さ

四つの基準の要素を「堅牢性」「新規性」「重要性」「拡張性」と言い換えることができる。

ＳＴＡＰ細胞研究は、結果的に基準①を満たしていなかったが、基準②③④は十分すぎるほどクリアしていた。ＳＴＡＰ細胞の作製成功が事実であれば、その「新規性」や「重要性」は計りしれないほど大きいものだった。学術誌には、誰もが手をつけてこなかった新規性のある研究が掲載されるのであり、その研究成果の確立に向けては、発表後に他機関などがおこなう追試や検証が必要になる。

新規性のある研究は、その後の追試による検証が、研究の信頼度を高めるうえで不可欠となる。ＳＴＡＰ細胞研究は基準①～基準④をすべて満たしたとしてネイチャー編集部が掲載を決定したことになるが、本来は、追試による検証を必要とする研究成果だったことは強調しておきたい。

†ノーベル賞受賞研究と学術誌掲載論文の違い

以上の検討から、ノーベル賞受賞研究とネイチャー誌掲載論文の科学界における位置づけが異なることが理解していただけたと思う。ノーベル賞受賞研究はすでに評価が定着した研究であり、ネイチャー誌掲載論文はこれから評価の定着が求められる研究である。この二つの研究を一緒くたにしてしまい、「ノーベル賞型報道」のパターンを「学術誌掲載型報道」に当てはめることはできない。

それではSTAP細胞の報道はどうすればよかったのか。いかにネイチャー誌に掲載が認められたとはいえ、有力な仮説が提示され、いよいよ検証が始まる段階である。この段階では、STAP細胞の研究にかかわる側面に絞った紙面展開とするのが適切だったとおもう。初報の紙面では、STAP研究についての解説記事は必要だが、小保方氏についての人物記事は不要だった。当時の新聞社内でも、「はしゃぎすぎるな」と抑制を求める科学部関係者はいたと聞く。科学報道をになう取材部署自体がノーベル賞の発表時のようなお祭りムードになっていたとしたら、強く反省すべきであろう。学術誌掲載型報道における基本原則は、研究の解説記事を重視し、その波及効果も含めて研究をわかりやすく紹介し、また、今後の検証プロセスも意識した情報を提供することである。そのさいに人物記事は掲載しない、あるいは研究内容に即した内容に限定する必要があるだろう。

STAP細胞会見報道では、「リケジョ」という言葉を使ったり、女性研究者のファッションセンスなどを記事にしたりするのはジェンダー的に不適切ではないか、という批判があった。たとえば、藤代裕之は、《「デート」「ファッション好き」革命的研究者の紹介に見る根深い新聞のおっさん思考》という記事を「ヤフーニュース 個人」のコーナーに掲載している（二〇一四年一月三〇日）。小保方氏の人物記事には、男性が多い新聞社編集局の性的なバイアスがはいっているのではという指摘である。いちはやくSTAP報道の問題点を提示してくれた重要な記事である。たしかに、今回のSTAP細胞会見時の報道では人物記事は不必要であり、不適切な内容が多かったとおもう。

しかし、もし三〇歳代の女性研究者がノーベル賞を受賞したとしたら、人物記事として「リケジョ」と表記したり、研究に即したかたちで服装や持ち物の話を書いたりすることはありうる話だと考える。「リケジョ」という言葉には見方によっては性差を強調する一面があるのかもしれないが、一方で、男女が社会の対等な構成員になることを進める男女共同参画のキーワードとして使われている。「リケジョ」という言葉が適切に使われるのであれば問題はないとおもう。若手女性研究者の活躍は後につづく女子学生にとっても朗報であり、励みになる話である。要は、解説記事と人物記事とのバランスである。ノーベル賞型報道においても、人物記事が突出し、そこにばかり焦点があたっては主客が転倒してしまい、興味本位の報道に堕してしまうだろう。

（疑問点３）研究不正の指摘はネットが先行し、マスメディアは後追いの報道になったのではないか（調査報道機能の欠如）

ＳＴＡＰ細胞論文にたいする疑義は、ネットの論文検証サイト「Ｐｕｂｐｅｅｒ（パブピア）」（英語サイト）に投稿された一枚の画像からはじまった[10]。二〇一四年二月五日、ＳＴＡＰ細胞論文の発表から一週間後のことだった。新聞やテレビが、ＳＴＡＰ論文の研究不正疑惑を報じはじめたのも、ネット上での指摘を受けてからだった。

ネットが次々と研究不正を指摘する構図は、「クラウド査読」という言葉でしられるようになった。ネット上の査読者が論文の内容をチェックし、その情報をネットで共有することで不正の認知と情報の質と量が向上していく。

では、科学記者がクラウド査読に先行することはできたのだろうか。ネット査読と同様に、論文の文章や図、写真を、ツールを使って自ら分析し、不正箇所を見つけることである。これを記者が試みたとしても、専門的な視点で精力的に取り組むネット査読のスピードには追いつかないだろう。

マスメディアの記者がクラウド査読に後れをとったのはまちがいない。ただ、全体状況をみれば、クラウド査読が活躍し、クラウド査読の情報を吟味しながら新聞やテレビが研究不正の報道を中心となって手がけていったとみることはできないか。内部告発サイトのウィキリークスがかつて英米の新聞社と連携し、米国外交文書の公開報道をおこなった事例のように、ネットサイトと米ニューヨークタイムズや英ガーディアンなど既存のマスメディアが互いを補いあいながら、報道をすすめていくケースもでてきている。今後の研究不正報道においては、ネット査読者と報道機関の連携による調査報道という手法も考えられる。

†STAP報道も「誤報」の扱いにして検証すべきだった

(疑問点4)「世界的な研究成果」として大々的に報道していたマスメディアは、研究不正疑惑がわかると一転「科学界を揺るがす大事件」として批判的に報道するようになった。自らの報道に対する責任と反省が欠如しているのではないか(自己検証の欠如)

最初は「世界的な研究成果」と持ち上げていたのに、一転「科学界を揺るがす研究不正事件」として徹底的に攻撃するようになった。新聞やテレビはだから信用できないんだ。こんな声が聞こえてきた。この点はすでに(疑問点1)と(疑問点2)で触れたように、「ノーベル賞受賞型」の報道ではなく、「学術誌掲載型」の報道にすべきだったのであり、過度な持ち上げはすべきではなかった。冷静な報道が求められたのである。

（疑問点4）でもっとも厳しく問われなければいけないのは、新聞やテレビがSTAP細胞報道について自己検証をおこない、それを紙面化するという試みをしなかった点である。

STAP細胞の作製成功は虚偽だったという結論が出された以上、記事は誤報だったという姿勢で対処することが適切だと考える。

「いや、私たちも騙されたんです」と記者やメディアは反論するだろう。「記者発表したのは事実だし、その時点で嘘は書いていない」とも説明できる。それはある意味正しい。第一線の専門家もSTAP細胞研究を信用していた。専門家が騙されたのなら記者が騙されるのも無理はない。しかし、二〇一二年一〇月のiPS細胞臨床応用をめぐる誤報事件では、読売新聞は研究者から嘘の情報を教えられ、そのまま報じた。すぐに臨床応用が虚偽であることがわかり、読売新聞は記者が騙されたことを知った。初報から約二週間後、読売新聞はお詫びとともに、なぜ誤報は起きたのか検証記事を掲載した。騙されたとしても検証記事を載せたのである。

メディアが自社の報道を誤報と判断したときには、誤報についてのお詫びと、なぜ誤報になったのかという検証記事が求められる。

iPS細胞臨床応用の記事とSTAP細胞論文の二つは、取材対象者である研究者から提供された情報をそのまま記事にして報道したという点は共通している。そして、提供された研究情報の本質的な部分が虚偽だったという点も同じである。報道前にオリジナルの発表論文を批判的な視点で検証し、そこに不自然な画像などをみつけることは不可能だったのだろうか。

「そんなことはほとんど不可能だ」という声が聞こえてくる気がする。しかし、不可能だという背景には、情報の正当性についての吟味は十分にしたという考えがあるだろう。従来からの慣行でいえば、吟味のレベルはそれでよかったかもしれない。結果、「あの日の報道では、新聞科学ジャーナリズムのほぼすべてが苦杯をなめたのである」（尾関章）。研究不正は理研にかぎらずおきている。ネットの査読により、短期間のうちに画像の不自然さがみつけられる時代になった。論文には間違いや不正がありうるという問題意識をもっていれば、記者が専門家の手も借りて論文を批判的にチェックすることは可能である。

STAP細胞報道の問題は、根底では「発表報道」「客観報道」の問題につながっていると私は考えている。第5章で紹介する「ジャーナリズムの原則」には「検証の規律」という項目がある。つねに検証を心がけ、実践することがジャーナリズムの神髄だという考え方である。その観点にたてば、新聞やテレビのSTAP細胞報道はなぜ誤報になったのか、についての検証報道がやはり必要であった。

†ネイチャー誌の責任は追及したか

ＳＴＡＰ細胞事件では、理化学研究所の研究不正にたいする取り組みの甘さや、記者会見をそのまま伝える発表報道が目立つマスメディアの報道姿勢に厳しい目が向けられてきた。しかし、不思議なことにネイチャー誌の責任を正面から追及する報道はほとんどみられなかったようにおもう。

《特報：ネイチャー誌の査読者は最初のＳＴＡＰ細胞論文に疑念をもっていた》[11]

二〇一四年九月一一日号の米サイエンス誌のニュース欄に掲載された記事の見出しである。サイエンス誌のこの記事は、ライバルであるネイチャー誌が、明らかに欠点の目立つＳＴＡＰ細胞論文を掲載することになったプロセスについて、編集部と小保方氏のメールのやりとりや査読コメントなどの一次資料を入手して真相に迫っている。

すでに知られていることだが、ＳＴＡＰ細胞論文は当初、三大科学誌であるネイチャー、セル、サイエンスの各学術誌に順次投稿されたが、いずれも掲載不可の結果が届けられた。小保方氏の著書『あの日』によれば、その後、ネイチャーに再投稿の挑戦をすることになり、二〇一三年三月にSTAP細胞作製の主論文とSTAP幹細胞化のレター論文の二論文を同時に投稿した。

査読者からのコメントが付けられたネイチャー編集部からの返事は二〇一三年四月四日にきたという。結果は「リバイス（修正）」だったという。

ネイチャー誌の「査読プロセス」の項目によると、査読コメントを受けてネイチャー編集部が投稿者に送る決定には以下の四つがある。

①　アクセプト＝掲載決定（編集上の修正の有無にかかわらず）

②　マニュスクリプトのリバイス＝原稿の修正（最終決定をする前に重要な懸念事項を伝えておく）

③　再投稿可のリジェクト（さらなる作業により再投稿ができる可能性を著者に示唆する）

④　完全なリジェクト

小保方氏が通知を受けた「リバイス」は②のことであり、査読者のコメントを受けて修正した論文を掲載可とするものだと考えられる。STAP細胞に関する二論文はその後、ネイチャー編集部と数回やりとりし、査読を受けながら修正し、二〇一三年一二月二一日に正式に採択の通知がきたという。

✝ネイチャー誌の査読コメント

以上の経緯をみたうえで、サイエンス誌ニュース欄の記事にもどろう。

サイエンス誌の記事では、二〇一三年四月四日にネイチャー編集部が小保方氏に送ったとされるメールの内容が紹介されている。メールには、三人の査読者のコメントと編集部の総合的なコメントが掲載されている。

その時点での査読コメントはどうだったか。

ネイチャー誌の査読者は「画期的な可能性を秘めている」「真に驚くべき」と研究の潜在的な魅力を語りながらも、三名全員が、論文に示されたデータは、STAP細胞の発見を主張するには根拠が不十分だと結論していた。

「主張をするには慎重に慎重を重ねるように著者に勧めたい」
「疑問を払拭すべき複数の問題がまだ存在する」

査読者の評価はかなり手厳しい印象である。査読者全員の否定的な評価にもかかわらず、ネイチャー誌はなぜSTAP論文の掲載に踏みきったのか。記事には、ネイチャー編集部からのメール本文の内容もしるされている。ネイチャー編集部が小保方氏に送ったメールには「彼ら（査読者＝瀬川注）の批判に答えるべき実験データがさらに積み重なるならば、また修正バージョンの原稿を喜んで見たい」と書かれている。査読者の否定的な評価にもかかわらず、ネイチャー編集部は修正後の掲載可能性を伝えたのである。そして、幾度かの修正がなされた論文を掲載することを決定したのである。

もっとも、サイエンス誌ニュース欄の記事には、二〇一三年四月のネイチャー編集部のメールは「リジェクト」だったと書いている。リバイス（修正）だったのか、それともリジェクト（不採択）だったのだろうか。

先に触れた「投稿者にたいする編集部の決定」の四つの種類によれば、リジェクトは③の「再投稿可のリジェクト」もある。②のリバイスと③の「再投稿可のリジェクト」を分ける境界はあいまいではあろうが、一方で、ほぼ掲載可と考えることができる②の決定と、ほぼ掲載不可と考えることができる③の決定では、やはり大きな違いがある。

三人の査読者が「ノー」に近い判断を出したのに、編集部が最終的に「イエス」の判断を出す。このような事態があり得るのだろうか。ネイチャー誌の「査読プロセス」の項目にしるされた論文掲載基準をもう一度みてみよう。

掲載基準は次の四点を満たすことである。

① 結論にたいする強固な証拠の提示
② 新規性
③ 特定分野の科学者にとってこの上ない重要性
④ 理想的には他の関連分野の研究者にとっての興味深さ

査読者は四つのうち①の「結論にたいする強固な証拠の提示」の点で、STAP細胞論文には難点があると指摘していた。ということは、ネイチャー編集部は、①の基準に目をつぶって、②③④の基準、つまり、STAP細胞に秘められた新規性や可能性の大きさを重視したとみることができる。

ポイントになるのは、査読者の提言に編集部がしたがわないことはあり得るのかという点である。先ほど触れたネイチャー誌の「査読プロセス」の項目には、「編集部としての裁量権」を原則的に認める記述があった。

編集上の決定は、（査読者の＝瀬川挿入）票数のカウントや数量的なランク評価といった性質のものではなく、必ずしも多数の提案にしたがうわけではない。われわれは査読者と執筆者双方の議論の強さを評価しようと努めており、査読者や執筆者が入手できない別の情報を考慮する可能性もある。私たちが第一に負うべき責任は読者にたいしてであり、科学コミュニティ全体にたいしてである。

この文章が言わんとするのは、ネイチャー編集部は、査読者の判断に機械的にしたがうのではなく、査読者と執筆者の両方に目を配り、総合的な決定をする、ということである。STAP細胞論文の場合、査読者の意見をそのまま取りいれなかったネイチャー編集部の掲載判断が、皮肉にも、第一に責任を負うべき読者や科学コミュニティにたいする背任になってしまったのだが。

それでは最初のネイチャー誌の掲載不可通知から、二〇一三年三月のネイチャー誌への再投稿にいたるまで、STAP論文の側にどのような変化があったのか。もっとも大きな変化は、笹井芳樹氏の研究グループへの参画だった。笹井氏は発生学や幹細胞研究の分野で日本を代表する研究者だった。彼はSTAP細胞実験そのものを指導したのではなく、論文執筆の指導をしたといわれる。[12]

ネイチャー誌に掲載されたSTAP細胞論文は、「レビューアーの指摘にあったような修正はほとんどされないまま、受理され、発表されてしまった」[13]といわれる。笹井氏が研究グループにくわわることでSTAP細胞論文の正当性が高まったと受けとめたのはネイチャー編集部自身だったのではないか。編集部の判断の誤りが、STAP細胞論文に誤った正当性をあたえる重要な契機となり、「誤解と誤報の連鎖」を生み出した可能性を考えると、その責任はSTAP細胞論文の研究グループのそれに匹敵する重さがあるだろう。

とくに、ネイチャー編集部は、査読者からは否定的な評価を得ていた。査読基準①の「結論にたいする強固な証拠の提示」を吟味しなければいけない環境にあった。掲載判断にいたった経緯をさらに詳細に公開する必要がある。

†ネイチャーは「大誤報」を自己検証しなければいけない

ネイチャー誌がSTAP細胞論文を掲載したことを、新聞やテレビの報道にたとえて言えば、「世界を揺るがす大誤報」である。なぜネイチャー編集部は大誤報をしてしまったのか。この点はネイチャー誌が誤報のプロセスを徹底して検証すべきだし、科学ジャーナリストが徹底して取材・調査すべきテーマである。

ネイチャー誌の責任を問いかけるネットメディアの報道として、科学ライターとして活動する詫摩雅子（元日経サイエンス記者）が書いた《STAP騒動、Nature誌がつけるべき落とし前　科学的には決着も、自身の問題点に触れず》[14]というJBPressの記事が目を引いた。詫摩は「Nature誌がそもそもなぜSTAP論文を載せてしまったのかに関する経緯の説明はない」「Nature誌は誤りを修正することを恐れてはならない。そのためには、経緯を振り返る勇気が必要だろう」と手厳しく論じている。私も同意する。ネイチャー編集部は、やってはいけない「大誤報」をしてしまっており、「誤報」の経緯を自らの手で検証し、公開していく必要がある。

残念ながら、日本のマスメディアで、ネイチャー編集部の問題を追及した報道は皆無だったようにおもう。

多くの科学ジャーナリスト、とくに新聞やテレビの科学部に属する科学専門記者には、研究者や学術誌などで構成される科学コミュニティとは同じ仲間だという潜在的な意識がある。最先端の研究をわかりやすく魅力的に一般読者に伝えるという役目は、ある意味、研究の広報的な側面であり、この部分においては、科学ジャーナリストは科学コミュニティの一員として機能する。ネイチャー誌を真正面から批判する新聞記事が意外なほどに少ないのは、この仲間意識が影響しているのではないかと推察する。

†学術誌のエンバーゴに支配される科学報道

ＳＴＡＰ細胞事件で印象に残っているのは、それまで無名だった小保方晴子氏が彗星のごとく現われてスポットライトのあたる表舞台に立ったことである。科学記者は小保方氏のことを事前には知らなかったし、再生医学の専門家においても、理化学研究所の研究者や外部の共同研究者以外に、研究者としての小保方氏をよく知る人は少なかったようにみえる。

背景には、最前線の科学研究を公式に発表する場が一流の学術誌に集中している現実がある。そして、そうした学術誌によるエンバーゴ（Embargo）システムが全世界に行きわたり、メディアの科学研究報道が、学術誌に支配されている現実がある。

ネイチャー誌を例にとって、エンバーゴシステムを説明してみよう。

ネイチャー[15]は毎週木曜日に発行される週刊誌である。ネイチャーのＨＰに記されたエンバーゴポリシーによると、ネイチャー誌に投稿された論文については、メディア関係者といっさい話をしてはいけないことになっている。もし、研究者が禁を破ってメディア関係者と話をした場合は、ネイチャー編集部には、当該論文の検討や掲載を取り止める権利があると明記している。かなり強い調子である。

メディアは研究論文や研究者へのアクセスを制約されるが、その代わり、ネイチャー誌はメディアへの広報として、次週の号に掲載予定の主要論文のサマリーを一週間前にプレスリリースしている。ジャーナリストは論文のゲラとともに取材対象となる研究者のアクセス情報を得ることができる。ジャーナリストは発行前に論文を読み、研究者に取材をして記事を準備できる。記事にはエンバーゴがつく。解禁時間はグリニッジ標準時で出版前日の水曜日午後六時、日本時間だと木曜日午前三時になる。

学術誌のエンバーゴシステムは、研究者、学術誌、科学ジャーナリストの三者による効率的な科学情報発信という点で、グローバルなエコシステムとなっている。互いに利益を享受しあい、仲間意識の源泉となる構造である。この三者では、学術誌がもっとも強い立場にある。研究者は一流の学術誌に載ることが研究実績の指標になるため、競って学術誌に投稿する。科学ジャーナリストは日常的に研究者に会って取材をしたりしているが、最先端の研究成果は、エンバーゴシステムにより、学術誌への掲載というタイミングでしか取材・報道することができなくなっている。研究成果の報道においては、学術誌のエンバーゴシステムによるグローバルな発表報道の体制ができあがっており、科学ジャーナリストはその仕組みのなかで、受け身の報道に流されがちである。

今回のＳＴＡＰ細胞論文の研究と掲載に向けてのプロセスでは、理研の内部でも秘密主義が貫かれたという。STAP細胞の真偽が組織内でもベールに包まれたまま、ネイチャー誌掲載の記者会見というかたちで、いきなりクライマックスを迎え、そして瞬く間に崩壊した。科学ジャーナリストは、自らの判断基準を養い、研究者や学術誌にたいして、常に自律的かつ批判的な視線を向けられる存在でありたい。

第2章

なぜ大本営発表報道といえるのか
——福島第一原発事故

†一〇メートル以上の津波と全電源喪失

その日の日本列島は西高東低の冬型の気圧配置におおわれていた。正午には太平洋三陸沖に一〇一四ヘクトパスカルの低気圧があった[16]。東北地方の太平洋側は、午後には天気が下り坂になり、雲がひろがるところが多かった。夕方からは広い範囲で雪が降り、戸外にいると厳しい冷え込みに体がふるえるようだった。

震源は宮城県・牡鹿半島から東北東に約一三〇キロの三陸沖の海底、深さ二四キロの地層の中だった。

今日のプレートテクトニクス理論によれば、地球の表面は十数枚の岩盤状の板（プレート）で形づくられている。板というのは、地球の大きさに比べると板のように薄いという意味だ。実際のプレートは数十キロの厚さがある。

岩盤状のプレートは静止しているわけではない。年数センチという速度で互いに絶えず移動しており、プレート同士がぶつかりあい、すれあいながら、長い年月をかけて地形が形づくられていく。三陸沖では、海洋のプレート（太平洋プレート）が東から西の方向に移動し、日本列島をのせた大陸のプレート（北米プレート）の下にもぐり込んでいる。海洋プレートのしずみ込みにつられて大陸プレートの先端がひきずり込まれ、次第にゆがみが大きくなる。やがてゆがみの量が限界に達すると、プレート境界付近の岩盤が壊れることでゆがみのエネルギーが解放される。今回は、岩盤が壊れ、下方にひきずり込まれていた陸側プレートの先端が、曲げた舌がもとに戻るようにはね上がった。はね上がりによって生じた海底の断層（岩盤のずれ）は、南北は岩手県から茨城県にかけて約五〇〇キロにおよび、東西も約二〇〇キロという巨大なものだった。

二〇一一年三月一一日午後二時四六分、マグニチュード（M）九・〇の「東北地方太平洋沖地震」が発生した。大陸プレートの先端のはね返りは海底を隆起させ、海面を上昇させた。海面の上昇は、津波となって東日本を中心に太平洋側の広い範囲の海岸を襲った。

福島県の太平洋側海岸に立地している東京電力福島第一原子力発電所（双葉郡大熊町・双葉町）も例外ではなかった。午後二時四六分に震度六強の激しい揺れが起こり、運転中だった1号機、2号機、3号機の原子炉は自動的に緊急停止した。地震から約五〇分後の午後三時三七分ごろ、今度は高さ一一・五〜一五・五メートル（海抜）の津波が押し寄せてきた。福島第一原発の1号機〜4号機の敷地は海抜一〇メートル、5号機、6号機は海抜一三メートルの高さにある。津波は福島第一原発のタービン建屋《たてや》を水浸しにした。タービン建屋の地下には非常用のディーゼル発電機や電源盤が設置されており、津波の浸水で水没し、使えなくなった。とくに1号機、2号機は、交流と直流の電源すべてを失う「全電源喪失」、3号機も交流電源をすべて失う「全交流電源喪失」という深刻な事態になったのである。

原発は電力を生み出す施設なのだが、原発の機器を操作し、原子炉を安定して運転するためには、当の原発以外から供給される電力が必要なのである。

地震の影響をうけて原子炉は緊急停止をした。しかし、原子炉が止まったからといって運転用の電力が不要になるわけではない。原子炉のなかの核燃料は停止後も崩壊熱を出しつづけるため、炉心を水で冷却しつづけることが至上命題となる。非常用も含めて電源を使うことができなくなった福島第一原発は、炉心の冷却作業が困難となり、炉心溶融という最悪の事態となることが懸念された。炉心溶融がおきれば、原子炉や格納容器が大きく破損し、大量の放射性物質が炉内から外部に放出され、広範囲の放射能汚染をもたらすことが心配された。

†初期報道におけるマスメディア不信

福島第一原発事故（以下、福島原発事故と略すこともある）の初期報道には、日本国民のすべての耳目が集まったといっていいだろう。原発事故の状況がどうなっているのか、刻々と変わる最新情報を知るためにテレビを見る、また、事故の全体状況を把握するために新聞を読むことが、一人一人の市民にとって自分の命や生活にかかわる重要な行為だった。

私もその一人であり、マスメディアの報道に目をこらし、耳をすませた。テレビ・新聞は官房長官や原子力安全・保安院（以下、保安院）、東京電力の記者会見を連日、熱心に伝えてくれた。原発事故について最新の情報が流れてきているはずなのだが、原発事故について想定される最悪の事態は何なのかについてはほとんど言及がないように思えた。その時々の記者会見の最新情報ばかりを伝え、大局を語ろうとしない報道姿勢にもどかしさをおぼえ、不安感が募ったのは事実である。テレビ・新聞の報道では十分な情報が得られないため、さまざまな専門家の意見や情報を見つけだすため、ツイッターなどのソーシャルメディアやブログ記事を探しまわった記憶がある。

そもそも原発の状況はどうなっているのか。最悪の事態は何か。最悪の事態は避けられるのか。避けられない場合、何がおきると考えられるのか。

知りたいのはそういうことだった。しかし、マスメディアの報道は「懸命の対応をしている」「圧力が上がった／下がった」「温度が上がった／下がった」という断片的な情報に終始していたように思う。
次第に、テレビや新聞の報道は大本営発表報道ではないかと批判されるようになった。日本経済新聞元論説委員（科学担当）の塩谷喜雄は事故発生から間もない二〇一一年五月に刊行した共著『これでいいのか福島原発事故報道』のなかで次のように書いた。

「東京電力から下げ渡されるこま切れの情報を、『安全・安心』という薄っぺらな熨斗紙で包み、読者や視聴者にそのまま届けている。（中略）その見事な『広報』ぶりは、戦前の大本営発表と無残なほどに重なる」

テレビ・新聞の原発事故報道は、政府の大本営発表をそのまま「広報」として伝えているに過ぎない。塩谷はそう指摘する。私も同感である。しかし、テレビ・新聞の当時の報道にどのような印象をもっていたのかについては、人によって意見が異なるのも事実である。私が知るかぎりでも「恐怖をあおり過ぎている」という過剰報道を批判する声があった。また、現場で日々の報道にたずさわっていた記者たちからは「炉心溶融のことはきちんと書いたし、事故の深刻さについて適切に報道していた」と言われることも少なくなかった。

東日本大震災と福島第一原発事故を経験した学生たちは、各メディアの情報をどのように評価しているのか。事故発生後七カ月あまりが経過した二〇一一年一〇月に、早稲田大学政治経済学部の受講生に調査をしたことがある（自由記述・記名式、一一一人中九一人が回答）。自由に意見を書いてもらい、私の方で整理分類した。

マスメディアとソーシャルメディアについて、それぞれ次のような意見がでた。

〈マスメディア〉

「大本営発表的な性格」「政府や東電の話をそのまま伝える」

「報道規制・自粛」「国民の不安回避に重点」「情報少ない」

「正確な情報」「信頼性と速報性」「冷静かつ客観的」

「恐怖をあおっていた」（テレビ）

「独自の見解」「主体的な取材」（新聞・雑誌）

〈ソーシャルメディア〉

「不確かでデマが多い」

「不確かな中に『ありのままの現実』も」「偏向度は低い」「論じている」

「正確さ」などの視点ごとに整理すると次のようになる。

視点	マスメディア	ソーシャルメディア
正確さ	正確な情報	不確かな情報
客観性	客観的	論じる
政府との近さ	大本営発表	偏向度が低い
自由度	報道規制	ありのままの現実

マスメディアとソーシャルメディアは、正確さ、客観性、政府との距離、自由度という四つの視点において、互いに相補的な役割、つまり、原発事故情報にかんして、互いの欠点をおぎなう役割を期待されていたことがわかる。

注目したいのは、マスメディアにおける「正確さ」「客観性」というポジティブ評価と「政府との近さ」「報道規制」というネガティブ評価の共存である。つまり、マスメディアは「政府寄りの情報に偏向したかたちで、客観的に正確な情報を発信している」ということになる。これでは、新聞やテレビが重視してきた「客観的で正確な報道」の意義は消え失せてしまうのではないか。学生アンケートの結果は、マスメディア報道の根底にある課題が、政府寄りの発表報道であり、大本営発表報道であることをしめしていた。

本章では、福島第一原発事故と大本営発表報道について、データにもとづきながらくわしく検討していくことにする。

†大本営発表報道を定義する

大本営とは「戦争や事変の際に設けられた、天皇直属の最高戦争指導機関」であり、日清戦争から太平洋戦争の敗戦まで存在した。大本営発表とは一義的には「大本営が発表する戦争に関する情報」(『広辞苑』第六版)である。ただし、太平洋戦争における大本営発表を経験した日本では、大本営発表はとくに戦争にかぎった話ではなく、一般的に「権力を持つ側が一方的に流す、自らに都合の良い情報」(同)という意味をもっている。

米英両国に宣戦布告をしてはじまった太平洋戦争では、一九四一年一二月八日の開戦から一九四五年八月一五日の敗戦まで計八四六回の大本営発表がおこなわれた。元大本営報道部員で海軍中佐だった冨永謙吾の分析によれば、「大本営発表」と戦争の「現実」との関係は次のように変化している。[17]

開戦から六カ月間　　実態にほぼ近い

次の九カ月間　　　　　　　　　　　戦果の誇張（損害の隠蔽）
次の九カ月間　　　　　　　　　　　少ない発表
昭和二〇年六月まで　　　　　　　　架空・見せかけの勝利

すべてが嘘というわけではなかったが、戦況が悪化するにつれ、大本営発表は日本軍の戦果を誇張して損害を隠すようになり、さらに悪化すると嘘の情報を流すようになった。こうした経緯から、戦後、権力が「自らに都合の良い情報」を一方的に流すことを大本営発表と形容するようになったとされる。

それでは、大本営発表報道はどのように定義できるだろうか。先の大本営発表の定義を援用して以下のように定めることにする。『広辞苑』のなかの「権力を持つ側」という表現は「政府や企業など」に変更した。

　政府や企業などが記者会見などを通じて発表する、自らに都合の良い情報を、報道機関がそのまま報道すること。

この定義は次の二つのパーツに分かれる。

（1）政府や企業などが自らに都合の良い情報を発表する。
（2）報道機関は，政府や企業などからの情報をそのまま報道する。

（1）は、権力が自らのためになる情報を、真実かどうかとは無関係に意図的に発信していくことであり、国策的な広報戦略、つまりはプロパガンダにつながる話である。（2）は，いわゆる「発表報道」あるいは「発表ジャーナリズム」のことである。政府や企業などが記者会見で発表したことを報道機関がそのまま報道することであり、大本営発表報道は発表報道の一形態ということができる。

以上の（1）（2）を福島第一原発事故の報道についてそれぞれ検証することにより、大本営発表報道だったかどうかを明らかにできるはずである。

†原子力発電所の仕組みと炉心溶融

本章では、とくに「炉心溶融」という事象に焦点をあてて、福島第一原発事故報道が大本営発表報道だったかどうかを検証していく。前提として、なぜ炉心溶融の報道にこだわるのかについて説明をする必要があるだろう。そのために、まず、原子力発電所の仕組みと福島第一原発事故の概要の紹介からはじめることにしよう。

原子力発電所の発電の原理は、天然ガスや石油や石炭を燃料とする通常の火力発電所と基本的には同じである。燃料を燃やすことによって水の温度を高めて蒸気をつくり、その蒸気の力によって発電タービンの羽を回すことで電力を得る。「やかんでお湯を沸かして、その湯気の力で風車を回すイメージ」(電気事業連合会)と考えると理解しやすい。

原子力発電所では、燃料として、化石燃料の代わりに放射性物質のウラン燃料を使用する。ウラン燃料に中性子という素粒子をぶつけると燃料のなかのウラン二三五が核分裂をおこして、より小さい原子核に分裂する。核分裂の際に中性子が飛び出し、大量の熱が放出される。さらにその中性子が新しい核分裂をうみだす。ウラン燃料の連続した核分裂で得られる熱の力で水を沸かして蒸気に変え、蒸気の力でタービンを回して発電する。

火力発電所と異なるのは、原子炉内には、ウラン燃料や核分裂で生成された放射性物質が多くたまっているということである。この放射性物質を原発内に閉じ込め、外の環境に出さない工夫が必要となる。原発の場合は、ウラン燃料のペレット、燃料の被覆管、核燃料の集合体をおさめている圧力容器、その外側にある格納容器、原子炉建屋がそれぞれ放射性物質をその内部に閉じ込める壁の役割をする。この「五重の壁」(図2-1)の考え方が、原発の放射性物質を密閉する安全対策のかなめとなっている。

図２－１　原子力発電所の「５重の壁」

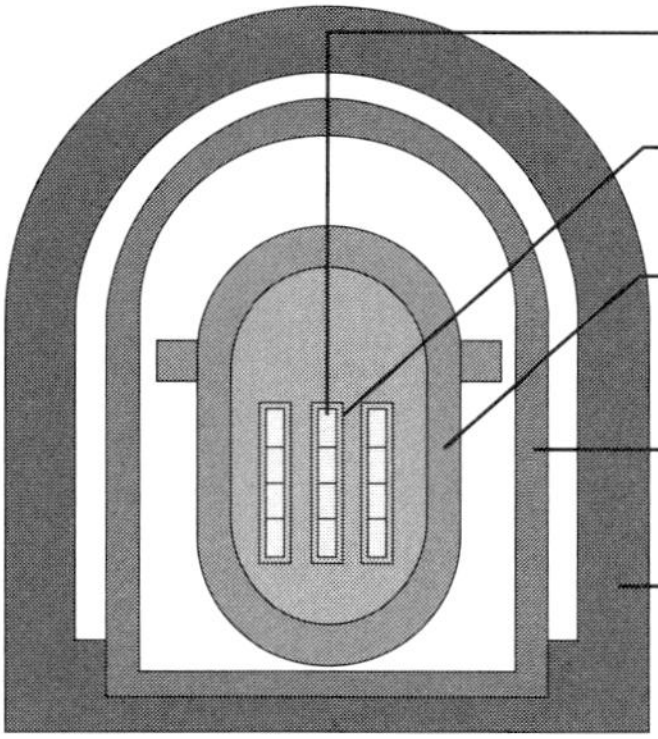

日本原子力発電「げんでんｅまなびクラブ」のサイトの図をもとに作成

原発のウラン燃料は、直径、高さ各一センチの円筒形のペレットになっている。燃料ペレットを縦に積み重ね、周囲をジルコニウム合金の被覆管でおおうと、燃料棒ができあがる。この燃料棒を一定の間隔で配置し、冷却材（中性子の減速材を兼ねる）として水を満たしているのが原子炉の炉心である。炉心は圧力容器のなかにある。

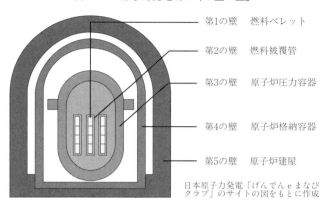

原発の熱出力は核分裂の程度によって決まる。核分裂の増減は中性子の量で調節できる。この中性子の量は、制御棒を炉心に出し入れすることによって増減させることができる。原子炉の停止は、制御棒を炉心に入れて、核分裂の引き金となる中性子の発生をとめることを意味する。

福島第一原子力発電所には1号機から6号機まで計六基の原発が設置されている。3・11の直前は、1号機、2号機、3号機が稼働中だった。4号機、5号機、6号機は定期点検中で停止していた。マグニチュード九・〇の地震発生をうけて、稼働中の三基の原子炉は自動的に緊急停止(スクラム)した。

緊急停止した原子炉では中性子の発生がとまり、ウラン燃料の新しい核分裂はおきていない。しかし、ウラン235の核分裂の結果さまざまな核分裂生成物が生じており、その不安定な核分裂生成物が放射線を出して崩壊するため、緊急停止後も、その放射線エネルギーが熱エネルギーとなり放出されつづける。原子炉はとまった状態でも、核分裂生成物の崩壊熱が長期間発生し、炉心は高熱を発する。水で冷やしつづけないと、炉心燃料の温度は上昇してしまう。

福島第一原発の場合、地震と津波の影響で、1号機、2号機、3号機、4号機がすべての電源を失う全電源喪失の事態となった。そのため稼働中の三基の原子炉への冷却水の供給がうまくいかなくなった。

冷却水が供給できなくなるとどうなるか。

炉心にある核分裂生成物の崩壊熱のせいで、炉心を満たした水が徐々に蒸発し、圧力容器内の水位が下がってくる。水位が下がりすぎると、燃料棒の露出が始まる。その結果、ウラン燃料の温度はさらに上昇し、炉心溶融がはじまる。まず、被覆管が溶ける。さらに温度上昇がつづくと、今度はウラン燃料のペレットが溶けはじめ（あるいは崩れはじめ）る。ついには、燃料全体が溶け落ちる。炉心の燃料棒が溶けると、圧力容器の下部にたまる。溶けた塊は高温であるため、圧力容器の底を破って格納容器の方に落ちていくことも考えられる。

炉心溶融が起きるとなにが問題なのか。

溶けたウラン燃料は高熱であり、圧力容器や格納容器を壊してしまう可能性がある。こうした密閉容器が壊れると、中に閉じ込めていた放射性物質が環境中に放出されることになる。また、炉心の溶融の結果、水蒸気爆発や水素爆発が起こり、圧力容器や格納容器、さらに原子炉建屋が大きく壊れることになると、放射性物質の放出量が格段に大きくなる。以上の点から、原発事故の際には炉心溶融が注目されるのである。

†炉心溶融・メルトダウン・炉心損傷

じつは、「炉心溶融」や「メルトダウン」といった用語の定義も、あまり明確ではない。こうした用語の不明確さが、原発事故発生当初の報道の混乱につながった可能性は否定できないだろう。

そもそも「炉心溶融」と「メルトダウン」は同じ意味なのか、それとも異なるのか。メルトダウンの日本語訳が炉心溶融だという点で、炉心溶融とメルトダウンを同じ意味で用いることもあれば、炉心溶融が深刻化した状態をメルトダウンとすることもあった。英国のオックスフォード英英辞典によれば、メルトダウンの語義は〝an accident in a nuclear reactor in which the fuel overheats and melts the reactor core or shielding〟と説明されている。とくに、溶けて「落ちる」という点に力点があるわけでなく、日本語の炉心溶融とほぼ同じ意味である。

保安院は、原発事故発生からおよそ一年後にひらかれた参議院での議論において、政府答弁書として、「炉心溶融」「炉心損傷」「メルトダウン」について、それぞれの定義を明確にした。

それによれば、「炉心溶融」は「原子炉圧力容器内の炉心にある燃料が高温となり溶解すること」をさす。これにたいし「炉心損傷」とは「相当量の燃料被覆管が損傷」することであり、「炉心溶融」よりは深刻さのレベルは低いと位置づけている。また「メルトダウン」については「炉心溶融が生じた後、更に溶融した燃料が原子炉圧力容器下部に落ちていく現象」を指し、「炉心溶融」のなかでも深刻度がもっとも高いという認識をしめしている。日本政府は、「炉心損傷」と「炉心溶融」「メルトダウン」という用語を分けて使っている。

東京電力は福島第一原発事故の発生直後から、燃料棒の損傷という言葉は使うものの、炉心溶融という言葉の使用は避けてきた。東京電力には、炉心溶融を判断する基準が存在しないというのがその理由だったといわれる。

その炉心溶融の判断基準について、二〇一六年二月二四日、東京電力から意外な発表があった。

炉心溶融の基準を示す社内マニュアルが事故前から存在していたことを明らかにしたのである。社内マニュアルでは、炉心損傷が五%を超えると炉心溶融と判定することが明記されていた。実際には、事故発生三日後の二〇一一年三月一四日朝、東京電力は、1号機と3号機の炉心損傷の割合がそれぞれ五五%、二五%であると国や県、立地自治体に報告しており、その時点で、炉心溶融と判断できたことになる。

東京電力は二月二四日のプレスリリースで「新潟県技術委員会に事故当時の経緯を説明する中で、上記マニュアルを十分確認せず、炉心溶融を判断する根拠がなかったという誤った説明をしており、深くお詫び申し上げます」と書いている。

この新潟県技術委員会の正式名称は「新潟県原子力発電所の安全管理に関する技術委員会」である。県内に東京電力柏崎刈羽原子力発電所をかかえる新潟県が、福島第一原発事故の検証について「海水注入等の重大事項の意思決定」「メルトダウン等の情報発信の在り方」「シビアアクシデント対策」など六つの課題別に実施してきた。[18]東京電力の関係者が毎回出席して質疑応答をしており、その過程で今回のような新事実が見つかった。炉心溶融にかんしては、政府事故調査委員会や国会事故調査委員会の報告書以上に、当時の真相に迫ろうという意思が明確である。後ほどの考察においては新潟県技術委員会の資料を参考にさせてもらう。

†事故発生四日のうちに三基が炉心溶融

以上の基礎知識を前提に、福島第一原発事故の経過をよりくわしくみていこう。原子炉の状況については東京電力がホームページで公表している「福島第一原子力発電所1〜3号機の事故の経過の概要」[19]などを参考にする。これまでに記した内容と一部ダブリがあることをご承知おき願いたい。

二〇一一年三月一一日午後二時四六分にマグニチュード九・〇の地震が発生し、その約五〇分後の午後三時三七分頃に高さ一一・五〜一五・五メートル（海抜）の津波が福島第一原発の敷地を襲った。非常用ディーゼル発電機や電源盤が水没して、全電源喪失という深刻な事態に直面した。政府は、同日一六時三六分に、原子力災害対策特別措置法の第一五条にもとづいて「原子力緊急事態宣言」を発し、原子力災害対策本部を設置した。

地震の前まで臨界状態で発電をつづけていた1号機、2号機、3号機は、地震発生で制御棒が炉心に入り、自動停止をした。4号機、5号機、6号機は、定期点検中だった。自動停止した1〜3号機は、ウラン燃料の核分裂が止まっても、炉心にたまっている核分裂生成物が発する崩壊熱で炉心温度が上昇していた。しかし、1号機、2号機は交流、直流を含む全電源を失い、また3号機は全交流電源を失った影響で、炉心温度を下げるために冷却水を注水する作業に困難な状況が生じた。

具体的な事情は原子炉ごとに異なる。炉心溶融に至ったのは1号機、3号機、2号機の順であった。

全電源を喪失した1号機は注水のための有効策をうちだせないまま、原子炉の水位が低下し、地震と津波の当日の三月一一日午後六時五〇分ごろに炉心損傷がはじまり、数時間で炉心溶融の状態となった。放射能を閉じ込めるための重要な「壁」である圧力容器と格納容器の損傷も震災当日の三月一一日のうちにはじまっている。炉心が高温になり、燃料棒の被覆管と燃料集合体（燃料棒を束ねたもの）の側板が高温状態となって発生した水素が格納容器の外に漏れて、三月一二日午後三時三六分に水素爆発をおこして、1号機の建屋上部が壊れた。

3号機は非常用ディーゼル発電機を含めて交流電源をすべて失ったが、幸いなことに直流バッテリー電源が難を免れていた。この直流バッテリーを利用してしばらく注水をつづけることができた。三月一二日夜にはそのバッテリーも枯渇しはじめるなどして、注水がうまくいかなくなった。三月一三日五時一〇分ごろに炉心損傷がはじまり、数時間のうちに炉心溶融の状態となった。同日中に圧力容器と格納容器の損傷がはじまり、翌三月一四日一一時〇一分に水素爆発を起こした。

2号機は1号機と同じく、交流、直流すべての電源を喪失した。しかし、異常事態が生じたさいの緊急用冷却装置として備えつけられていた原子炉隔離時冷却系(RCIC)が作動したため、一定の期間、炉心を冷却しつづけることができた。RCICは、電源ではなく、原子炉内の蒸気の力で駆動できるポンプを用いている。このRCICによる注水が三月一四日に停止。炉心への注水がうまくできなくなった2号機は三月一四日午後七時二〇分頃に炉心損傷がはじまり、数時間のうちに炉心溶融の状態となった。三月一四日の遅くから一五日の未明にかけて圧力容器と格納容器の損傷が進行した。

三基が炉心溶融に至った結果、「五重の壁」の密閉性が損なわれ、外部に放射性物質が放出されることとなった。東京電力の試算(二〇一二年五月現在)によると、大気中に放出された放射性物質の量は九〇〇ペタベクレルで、チェルノブイリ原発事故の五二〇〇ペタベクレルの約六分の一と推定された[20]。放射性物質の放出量としては、チェルノブイリ原発事故につぐ世界で二番目の深刻な原発事故となった。

このうち、地上の汚染にもっとも大きな影響を与えたのは二〇一一年三月一五日午後に降った雨だった。小雨だったが、雨は大気中の放射性物質を地表に落とす作用がある。ちょうど北西方向の風が吹いている時間帯だったため、福島第一原発から北西方向に地表の汚染が帯状に広がることになった。

大気中への放出だけでなく、放射性物質で汚染された水（汚染水）の問題も発生し、長期的な課題となっている。

この汚染水問題も、炉心溶融によるものである。炉心溶融の結果、圧力容器や格納容器が損傷し、炉心の放射性物質が原子炉建屋や建屋外に漏れ出すことになった。大気中に放出されて地表を汚染するものもあれば、水の中に入り、汚染水として外部に出ていくものもある。福島第一原発では、炉心を冷やすために冷却水の注入をつづけたため、放射性物質に汚染された冷却水が原子炉建屋に出て行くことになった。その後、冷却水を循環利用するシステムが採用されたが、原子炉建屋外の地下水が建屋に入って汚染水となる事態となった。この地下水量は一日四〇〇トンといわれる。

東京電力は汚染水を原発の敷地内に閉じ込める対策を立てているが、汚染水が海水中に流出する事故がしばしばおきている。

炉心溶融により、圧力容器と格納容器が損傷し「五重の壁」がくずれた。その結果、放射性汚染物質が大気や地上を汚染し、同時に、地下水や海水を汚染しつづけているのである。

†炉心溶融と大本営発表

炉心溶融が、原発事故の深刻さを判断する重要な分かれ目になることを理解していただけたと思う。それでは、テレビ・新聞は、事故発生の初期段階で、原発の炉心溶融をどのように報じたのだろうか。

大本営発表報道だったかどうかを調べるために、先に紹介した大本営発表報道の定義を利用する。大本営発表報道とは「政府や企業などが記者会見などを通じて発表する、自らに都合の良い情報を、報道機関がそのまま報道すること」である。この定義は次の二つのパーツに分かれる。

（1）政府や企業などが自らに都合の良い情報を発表する。
（2）報道機関は、政府や企業などからの情報をそのまま報道する。

この（1）と（2）を、福島第一原発の炉心溶融問題に当てはめてみよう。

福島第一原発事故にかかわる政府・企業のアクター（行為主体）は、官邸であり、保安院であり、東京電力である。事故発生当初は三者がそれぞれ別に記者会見をひらいていた。官邸には原子力災害対策本部が設置され、官房長官が政府を代表して事故対応の記者会見をひらいていた。原子力安全・保安院は原子力発電所の安全規制を担当する政府機関であり、事故がおきた福島第一原発を運営する東京電力を監督する立場だった。三者の関係は官邸―保安院―東京電力となり、保安院が官邸と東京電力のあいだをとりもつことになる。しかし、今回は未曾有の事故とあって指揮系統が乱れがちで、官邸と東京電力はしばしば直接連絡をとりあっていた、といわれている。

政府・企業のアクターとして三者を入れると、（1）（2）は次のようになる。いずれも現段階では仮に想定していることであり、いわゆる仮説である。

仮説（1）官邸と保安院と東京電力は、原子炉の炉心溶融問題について自らに都合の良い情報を発表した。

仮説（2）報道機関は、官邸と保安院と東京電力の記者会見で得た炉心溶融に関する情報をそのまま報道した。

以上の仮説（1）と仮説（2）を実証できれば、福島第一原発事故の炉心溶融に関するテレビ・新聞の報道は大本営発表報道だったといえる。

前置きが長くなったが、こうした枠組みにもとづいて考察をはじめることとする。

†保安院と東電の記者会見

まずは（1）の「官邸と保安院と東京電力は、原子炉の炉心溶融問題について自らに都合の良い情報を発表した」という仮説である。

「都合の良い情報」について考えてみよう。原発事故の場合は、原発の安全性を主張してきた政府・東電にとっては、できるだけ、原発の安全イメージを損なわない情報が、「都合の良い情報」ということができる。「都合の良い情報」とは、自分にとって「都合の悪い情報」を隠した情報ということもできる。一般に、政府・東電は、福島原発事故の程度を過小評価するかたちで発表していたと指摘される。「都合の悪い情報」を隠した可能性がある。その代表例として「炉心溶融」をあげることができる。保安院と東京電力は実際、炉心溶融をどのようにあつかっていたのだろうか。

事故発生直後の保安院と東京電力の対応ぶりについては、「新潟県技術委員会」に提出された東京電力の資料にくわしく書かれている。同委員会の課題別ディスカッション「メルトダウン等の情報発信の在り方」に東京電力が二〇一三年一一月一四日付けで提出した「福島事故時のメルトダウン等の情報発信の問題点と現状の対応状況」と題する資料[21]である。資料から、必要な箇所を引用させてもらう。なお、東京電力の資料ではメルトダウンという言葉が多用されている。本書における炉心溶融と同義で使用されている。

メルトダウンに関して、政府と東京電力の記者会見での公表内容は、時系列的に次のようなものだった。

【三月一二日】

保安院会見　九時　1号機の格納容器圧力が設計上の最高使用圧力を超えた状態に関連「燃料の露出、被覆管の一部溶け始めていると考えられる」と説明

当社会見　一一時　電力需給に関する会見において「燃料溶融に関する質問」「1号機の水位は燃料頂部か若干低めで頂部の燃料損傷の可能性周辺放射能レベルから大きな損傷は生じていないと判断」と説明

保安院会見一四時　「炉心溶融の可能性がある。進んでいるのではないか」と説明

官邸会見　一八時　1号機爆発直後の会見「炉の破損について質問があるも回答せず」

当社会見　一九時　電力需給に関する会見において「燃料溶融に関する質問」
「まだそこまでいっていない可能性があるかもしれない」と発言
水素爆発についても「そこまで分析、把握は出来ていない」と説明
保安院会見二一時「炉心が破損していることは高い確率、ただし正確にはわからない」

【三月一三日】
保安院会見　五時「溶融の可能性は否定出来ない。セシウムが出ている。念頭におく」
保安院会見一七時「炉心損傷はしているが、溶融はわからない」と発言は後退

【三月一四日】
当社会見　二〇時「明確には申し上げられない」について厳しい質問が相次ぐ、結果
「周辺に放射能が出ていることから燃料は損傷と見ている」と発言

【三月一五日】
当社会見　夜「炉心損傷について公表」1号炉七〇％ 2号炉三〇％ 3号炉二五％
以降の会見では「炉心損傷」の表現をもちいる。
（瀬川注：当社は東京電力を指す）

保安院の記者会見では、三月一二日一四時に「炉心溶融の可能性がある」という発言が

あってから、三月一三日一七時には「炉心損傷はしているが、溶融はわからない」と後退している。この点は後ほど、政府事故調査報告書でよりくわしく検証することにする。東京電力の記者会見では、三月一二日に「燃料損傷」の可能性という発言がある。その後、三月一五日に各原子炉の炉心損傷の割合を公表して以降、会見では一貫して炉心損傷という表現をもちいた、と新潟県技術委員会に提出した資料にしるしている。

東京電力は、新潟県技術委員会にたいし、当時の対応が「迅速さと的確さを欠いていた」ことを認めた。そのうえで、当時の問題点と背景を「矮小化」などの言葉を使って、次のように整理している。

・把握している事実を正確に伝えることを重視
・正確な情報がない中で憶測や推測に基づく説明を行うことを極力回避
・「炉心溶融」や「メルトダウン」といった用語の定義が定まってなく、正確な表現に努めようとした結果、かえって事象を小さく見せようとしているとの指摘に繋がった
・炉心損傷が発生していたとしても、小さくあって欲しいという潜在的な願望と相まって公表にあたって矮小化したいという集団心理があり、その後の当社発表に繋がった可

能性もある

断定的な表現ではないが、東京電力は「事象を小さく見せようとしているとの指摘」「小さくあって欲しいという潜在的な願望」「公表にあたって矮小化したいという集団心理」という表現で、記者会見での公表が事象の矮小化につながった可能性を認めているのである。ここでの「事象の矮小化」とは、炉心溶融という言葉を使用せず、炉心損傷や燃料損傷という言葉で、事故の状況を説明しようとしたことである。

事象の矮小化の理由としては、二点があげられている。一つは「確かな情報が不足しているなかで正確な情報にこだわる」ことの問題点である。炉心溶融についての定義が定まっていないことから、その言葉を避けて炉心損傷という言葉を使ったことが、事象を小さくみせようとしているように受け取られたというのである。もう一つは、いわゆる「正常化バイアス」という社会心理であろう。事故が小さくあってほしいという願望が集団心理となって作用し、会見などでの公表内容が「事象を小さく見せる」ことにつながった可能性である。

†「炉心溶融」から「炉心損傷」へ

東京電力が新潟県技術委員会に提出した資料では、保安院は、当初、炉心溶融の可能性を認めながら、その後、炉心溶融に言及しなくなり、炉心損傷という言葉を使うように変化したことがうかがえる。この点について、政府事故調査委員会（東京電力福島原子力発電所における事故調査・検証委員会）の最終報告書には、より具体的な記述が出ている。

三月一二日一四時の記者会見の席で、保安院の広報担当である中村幸一郎審議官は1号機の状況について次のように説明している。

「炉心溶融の可能性がある。炉心溶融がほぼ進んでいるのではないだろうかと」

このとき中村審議官は、1号機の炉心溶融の「可能性」だけでなく、すでに炉心溶融は「ほぼ進んでいる」との見方を示している。のちの東京電力の分析調査によれば、1号機の炉心溶融は三月一一日夜にはじまっている。中村審議官の発言は、1号機の原子炉の状態をほぼ正確に伝えていたといえる。

中村審議官を引き継いで会見したのは野口哲男首席統括安全審査官だった。三月一二日午後九時三〇分の会見では、中村審議官が用いた「炉心溶融」ではなく、「炉心の破損」という表現を使っている。

「炉心が破損しているということは、かなり高い確率だと思いますが、状況がどういうふうになっているかということは、現状では正確にはわからない状況でございます」

その後の広報を担当した西山英彦審議官は、三月一三日午後五時一五分の記者会見で次のように「溶融」についての言及を避けた。

「炉心の状況はデータからははっきり言えることではないため、溶融しているかどうかはわからない」「少なくとも炉心の毀損が起こっていると言うことは間違いないと思います。……溶融というところまでいっているかどうかはよくわかりません」

この経過からわかるように、保安院の会見では、当初語られた「炉心溶融」という表現が避けられるようになり、代わって、炉心の「破損」「毀損」という表現がもちいられるようになった。先ほどの「事象の矮小化」という東京電力の回答にしたがえば、保安院の「炉心溶融」から「炉心損傷」への変化も、保安院による「事象の矮小化」とみなすことができる。

†東電TV会議では炉心溶融が語られていた

東京電力が新潟県技術委員会に提出した資料によれば、東京電力は、事故発生当時の記者会見の場で、炉心溶融の可能性を認める表現を使ってはいない。しかしながら、東京電力TV会議を舞台とする東電内部の話し合いでは、自然なかたちで、炉心溶融を前提としたコミュニケーションをしていたのである。こちらは、新潟県調査委員会が「メルトダウン等の情報発信の在り方」について調査結果をまとめた資料のなかの「確認できた事実[22]」として出てくる。重要な箇所なので、TV会議と記者会見の発言にしぼって、少し整理しながら引用させてもらう。

・三月一二日　一九時三六分　会見（小林常務）
（炉心溶融について）「そこまでいっていない可能性があるかもしれない」
・三月一三日　四時五三分　TV会議（発電所技術班）
「3号機TAF（燃料上端＝瀬川注）到達まで一時間弱、炉心溶融までTAF到達から四時間程度と評価」
・三月一三日　六時二四分　TV会議（吉田所長）

（3号機のSLCとMUWの電源復旧が八時になることについて）「八時だともうかなり溶けてるよ」
・三月一三日　八時一〇分　TV会議（発電所技術班）
（3号機について）「燃料露出からしばらく時間経ってますので、炉心溶融の可能性があります」
・三月一四日　一三時一三分　TV会議（小森常務）
（同日一二時〇八分の会見で炉心溶融の可能性があると回答したことについて）「〇〇さんからもご注意がありまして。炉心溶融の可能性が絶対否定できないという問いに対して、あまり強くも否定できないから、調べてからという感じも含めて、モヤモヤとなったところ、可能性ありと、直接的には答えてないけど。そんな雰囲気をとられてしまったというのが事実」
・三月一四日　一八時一三分　TV会議（清水社長）
（会見での質問回答案が炉心損傷を認める内容になっていることに対し）「その件は官邸と事前にしっかり、あれしといて。溶けるのがあり得ることになってしまう。」
・三月一四日　一九時二八分　TV会議（武藤副社長）
（2号機について）「（燃料が）裸になった時間の認識そろえようよ、一八時二二分で、二時間でメルト。二時間でRPV（圧力容器）損傷の可能性あり。いいですね」。吉田所長「はい」

・三月一四日　二〇時四〇分　会見（武藤副社長）

通常二時間以上空焚きすると燃料はどうなるかと問われ、「一般論としては難しいが、燃料被覆管が過熱酸化するので、酸化して強度が落ちるということが予想される」（「炉心溶融」言及せず）

いかがだろうか。当時のTV会議では、「溶ける」や「炉心溶融」「メルト（ダウン）」といった言葉が東京電力の幹部や技術スタッフの口から自然に出てきていたのである。しかも「八時だともうかなり溶けてるよ」といったかたちで、すでにおきている、進行中の事態として語られている。一方で、内部での話し合いとは異なり、報道関係者が出席する記者会見では、できるだけ炉心溶融に言及しないよう細心の注意をはらっている状況がうかがえる。「〔炉心溶融の＝瀬川注〕可能性ありと、直接的には答えてないけど。そんな雰囲気をとられてしまった」「その件は官邸と事前にしっかり、あれしといて。溶けるのがあり得ることになってしまう」などの発言が、マスメディアにたいする言葉選びに神経質になっている様子をうかがわせている。

この資料には、東京電力が二〇一一年三月一八日、新潟県知事に事故の状況を説明したこともしるされている。知事の「メルトダウンしているだろう」という質問に対して、東京電力はメルトダウンしていないと説明したという。事故発生直後のこのやりとりが新潟県側を怒らせ、東京電力にたいする不信の念が強まったことは想像にかたくない。新潟県には東京電力柏崎刈羽原発が立地している。新潟県技術委員会の調査が厳しいものになっているのは理解できる。

資料からは、東京電力関係者が炉心溶融について十分に認識しながら、記者会見では炉心溶融という言葉を避け、炉心損傷にこだわろうとする姿勢がみえてくる。新潟県技術委員会は、「メルトダウン等の情報発信の在り方」についての課題項目のまとめとして、東京電力の対応を厳しく指摘している。仮説（1）の実証につながる内容なので、まとめ部分（評価）の全文を引用させてもらう。[23]

・東京電力は、一定時間原子炉へ注水が行われていなかったこと、原子炉建屋の放射線量が異常に上昇していたこと、圧力容器と格納容器の圧力がほぼ一定になっていたことなどから、事故発生直後に原子炉内でメルトダウンが発生している可能性を認識していた。

・TV会議で、東京電力幹部や社員は、「メルト」、「炉心溶融」といった言葉が発話されており、「メルトダウン」や「炉心溶融」は、原子炉の状況を表現する一般的な表現であった。
・テレビ会議や会見の発言から、東京電力の幹部は、いずれも「メルトダウン」や「炉心溶融」という表現を使用することや、その可能性を認めることにさえ慎重になっていた様子がうかがえる。
・東京電力は、住民への迅速でわかりやすい情報伝達よりも、国との調整を優先していた。
・これらのことから、東京電力は、官邸や保安院の意向に沿い、リスク情報や事故の重大性を住民へ伝えるという原子力事業者としての責務を果たさなかった。

また「情報発信の問題」という課題項目のまとめでは、東京電力のプレス文やメディアによる広報文が「本来伝えるべき放射性物質の放出を伝えておらず、事故を矮小化し、住民の迅速な防護対策を妨げるものとなっていた」と批判している。

以上のことから、東京電力が、「メルトダウン」や「炉心溶融」という表現を用いることに慎重だったこと、さらには政府の意向に沿い、リスク情報や事故の重大性を住民に伝えることをしなかった、ことがわかる。政府と東京電力は、記者会見などで、深刻な原発事故を矮小化して伝えようとしたことになる。

大本営発表報道にかんする仮説（1）は「官邸と保安院と東京電力は、原子炉の炉心溶融問題について自らに都合の良い情報を発表した」というものであった。東京電力が新潟県技術委員会に提出した資料や政府事故調査委員会の報告書を手がかりとすることで、保安院と東京電力の発表にかんしては、仮説（1）が根拠をもって裏づけられた。

†新聞報道を分析する

次は仮説（2）の「報道機関は、官邸と保安院と東京電力の記者会見で得た炉心溶融に関する情報をそのまま報道した」をみていきたい。

今度は、マスメディア報道の分析が重要になってくる。序章で説明したように、本書でいうマスメディアとは新聞・テレビ・通信社のことである。とくに福島第一原発事故の初期報道では、テレビにくぎ付けになり連日、記者会見の生中継などをみていた人が多いとおもう。報道を対象とする研究の場合、テレビ報道の分析は欠かせないものである。ただ、残念ながら、テレビの映像データは著作権の問題もあり入手がたいへん難しい。また厳密な分析にはかなりの作業量が必要で時間がかかる。

ここでは、記事データベースにアクセス可能な新聞報道を中心に考察する。取りあげるのは、全国紙四紙（朝日新聞、日本経済新聞、毎日新聞、読売新聞）の記事である。東京本社版の全国面（一面から社会面まで。地域面を除く）のすべてをとりあつかった。

どのように新聞記事を分析していくのか。

一つめは、「炉心溶融」という言葉が新聞の見出しにどのように登場したかを調べる見出し分析である。

二つめは、記事本文の情報分析である。記事のなかで「炉心溶融」がどのような情報源（保安院や原子力専門家など）をもとに語られているのかを調べていく。

三つめは、記事本文の言説分析である。各紙が記事本文中で炉心溶融をどのように語っているのか、精読によって文脈を読み解くことにより、各紙が使っている言葉がもつ意味をとらえていく。言説分析は、文章上にはあらわれない隠れた意味や隠れた権力関係の考察に有効だとされており、本書でもこのアプローチ法をいくつかの場面で採用している。ここではとくに、各紙が使用する「炉心溶融」という言葉がもつ意味の差異に注目してみたい。

四つめは、政府・東京電力の記者会見で使われる「炉心溶融」という言葉と、新聞記事で使われる「炉心溶融」という言葉の使用回数を日別、発言者別で数量的に整理し、その増減の傾向を比較するものである。
四つの分析について順に説明していこう。

†「炉心溶融」見出しを分析する

まずは見出しの分析である。手法はいたって単純である。「溶融」という単語を見出しに含む記事を各紙のデータベースから抽出し、日別の記事本数をカウントする。同様に、キーワードとなる単語を記事本文中に含む記事の抽出も試みる。「溶融」という単語をキーワードにするのは、「炉心溶融」のほかに「燃料棒溶融」や単に「溶融」という表現も使われるためである。期間は、東日本大震災が発生した翌日の朝刊から三カ月間（二〇一一年三月一二日朝刊から同六月一一日夕刊まで）とした。

なぜ見出しを分析するのかというと、ニュース記事の見出しには、その記事で伝えたいメッセージの核となる部分が入っているからである。記事の書き方の本をみると、よく登場する表現として「ニュース記事は逆三角形」というのがある（図2-2）。三角形を逆さにした図の一番上の層が見出し、二番目がリード、三番目が本文1、それから本文2、本文3――と、下に行くほど面積が小さくなる。逆三角形というのは、ニュースバリューとして最も重要なことを見出しに盛り込み、次に重要なことをリードに盛り込み、その次に重要なことを本文1に盛り込み……という記事作成の作法をしめしている(それぞれの面積は文字分量ではなく、記事全体における重要度をしめしている)。

多くのニュース記事が、このスタイルに当てはまるはずである。このスタイルにのっとった記事であれば、紙面がきつくなって、記事を短くするときに、後ろから削っていっても、記事としてまとまったものができる。極端な話、見出しとリードだけでもニュースとして成り立つし、見出しだけでもニュースの内容を理解できるということになる(もちろん、見出しの内容が記事の内容を正確に反映しておらず、誤解を与えてしまう場合も散見されるが)。

新聞記事にとって見出しはそれだけ重要である。たとえば、炉心溶融のことを読者に伝えたいのであれば、一般には、炉心溶融という単語が見出しに頻繁に登場するはずである。見出しに登場するか否かは、編集局が、炉心溶融のことを重要議題として読者に提起しているかどうかの目安になる。言い換えると、見出しには「編集局の意思」が反

図2-2　ニュース記事の逆三角形

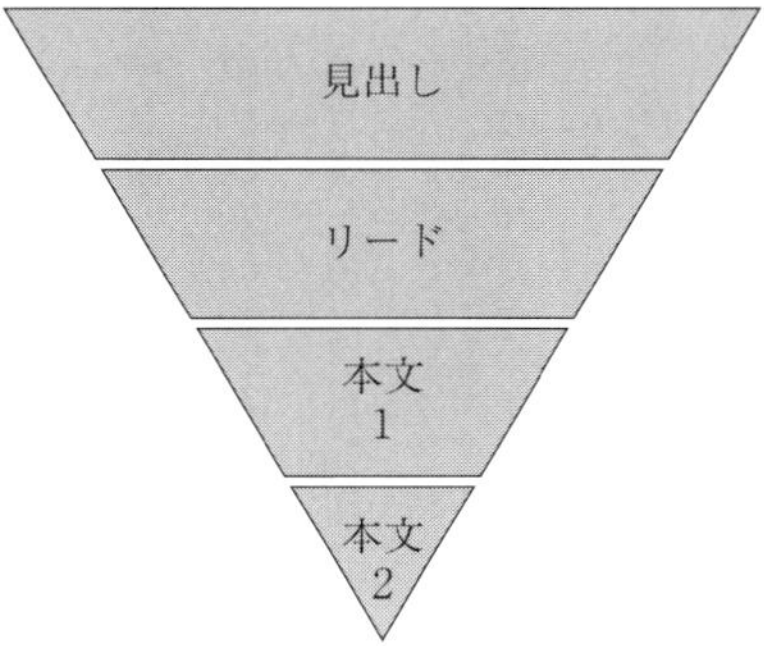

映されている。見出し分析が意味をもつ理由である。

†消えた炉心溶融の見出し

1号機の水素爆発は事故発生翌日の三月一二日午後三時三六分頃に発生した。その水素爆発を報じる三月一三日朝刊一面の見出しをみてみよう。

《福島原発で爆発　周辺で九〇人被ばくか　第一1号機　炉心溶融、建屋損傷》（朝日）
《原発の炉心溶融　過熱阻止へ海水注入　福島第1、建屋が爆発》（日経）
《福島原発で爆発　国内初の炉心溶融「第1」1号機　半径二〇キロ避難指示》（毎日）
《福島原発で爆発　第一・1号機　炉心溶融の恐れ　二〇キロ圏避難　海水注入、廃炉も》（読売）

四紙とも「炉心溶融」を一面の見出しにとっている（図2-3）。特に日経は「原発の炉心溶融」を一番大きな横見出しにした。毎日は一面だけでなく三面の記事にも《崩れた原発「安全神話」　福島第一　炉心溶融》という見出しを付けている。四紙のなかでは、読売が「炉心溶融の恐れ」という慎重な言い回しを使っている。

図２－３　福島第一原発１号機の水素爆発を報じる2011年３月13日の全国紙朝刊の１面（朝日、日経、毎日、読売新聞の縮刷版を使用）

福島原発で爆発
周辺で90人
第一1号機
炉心溶融、

原発の炉心溶融
過熱阻止へ海水注入
福島第1、建屋が爆発
政府「格納容器破損ない」
東日本巨大地震
被害の把握難航
宮城・南三陸町
9500人連絡取れず
死者・不明1300人超す

毎日新聞
福島原発で爆発
東日本大震災
国内初の炉心溶融
第1 1号機
半径20キロ避難指示
「格納容器損傷なし」
東電 海水で冷却

讀賣新聞
福島原発で爆発
第一1号機
炉心溶融の恐れ
海水注入、廃炉も
放射能漏れ 90人以上被曝か
首都圏、時限停電へ
南三陸町「1万人

三月一四日と一五日には三件ずつ「炉心溶融」の見出しが登場している。

【三月一四日】

《福島第1原発、3号機も炉心溶融　専門家「非常に深刻」》（毎日）

《原発3号機も爆発　福島第一　炉心溶融の可能性》（読売）

《東日本巨大地震　米「原発に悪印象」懸念「炉心溶融」報道で》（読売）

【三月一五日】

《高濃度放射能を放出　福島第一原発2号機、炉心溶融　燃料棒露出、空だき》（朝日）

《放射能、高まる緊張　福島第一原発2号機、高濃度放出　三基とも炉心溶融》（朝日）

《最悪事故阻止へ全力――核燃料損傷進行なら、炉心溶融の恐れ》（日経）

毎日と朝日はそれぞれ「3号機が炉心溶融」「三基とも炉心溶融」と炉心溶融の状態が1号機以外に広がったことを伝えている。一方で、読売は「炉心溶融の可能性」「『炉心溶融』報道」という表現を、また、日経は「核燃料損傷進行なら、炉心溶融の恐れ」といった言い回しをそれぞれ使用し、炉心溶融はまだ進行していないというニュアンスの見出しとなっている。

先に紹介したように、東京電力のその後の分析によると、1号機は三月一一日、3号機は三月一三日、2号機は三月一四日にそれぞれ炉心溶融の状態となっている。毎日と朝日の見出しは、現実に起きたことを的確に反映していたといえる。

つづいて、見出しに「溶融」が登場する件数（四紙合計）の推移を調べてみる。

見出し件数は、水素爆発翌日の三月一三日が六件と一番多く、その後は一四日と一五日が各三件、一六日と一七日は各一件となり、一八日には、いったんゼロ件となる。その後は一九日と二三日が各一件とつづき、報道数は四月上旬まで減少したままで推移する。

三月一六日から同二二日の一週間に、溶融を見出しにとったのは読売新聞の二件、日経の一件だけである。その見出しは「溶融回避なるか」「炉心溶融防ぐ」（以上読売）、「燃料溶融回避へ総力」（日経）である。溶融はまだおきていないという位置づけで、それを回避しようという姿勢を強調していた。

本来であれば、水素爆発以降、炉心溶融について正面から取り組んだ深掘りの記事が連日のように掲載されて然るべきだったのではないか。毎日と朝日にしても、三月一六日以降、炉心溶融の見出しは目立たなくなった。三月一五日までと一六日以降の炉心溶融の扱いに断絶があるようにみえる。

図2-4　見出しに「溶融」が登場する記事数の経時的変化

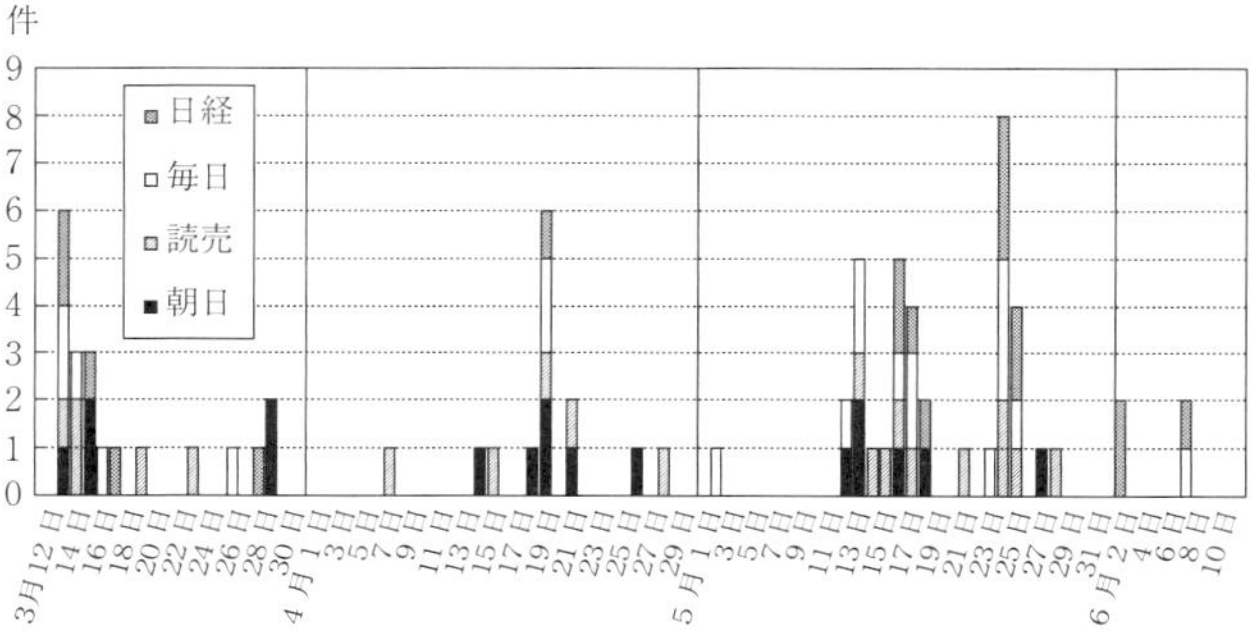

四紙の見出し件数（合計）の日別の推移をグラフにしたのが図2-4である。「溶融」が見出しに登場する記事は、

1号機水素爆発翌日の一面への登場→2号機、3号機も炉心溶融の見出し→その後見出しから消失→一～二カ月後の復活

というパターンをたどっていることがわかる。

紙面から消えていた「溶融」の見出しが四紙そろって再登場したのは四月一九日のことである。さらに五月になると、五月一二日～一八日、五月二四日～二五日に報道数が急増している。この報道数の増加には、以下の三つの記者会見が関係している。

四月一八日＝保安院会見　1～3号機の燃料溶融

を認める
五月一二日＝東京電力会見　1号機の核燃料の大半が溶融
五月二四日＝東京電力会見　2、3号機も大半が炉心溶融（メルトダウン）の可能性

ここまでは、新聞四紙に登場する炉心溶融の見出しについての考察である。結果からは、炉心溶融に関する政府・東京電力の記者会見との関係性がみえてくる。

東京電力が新潟県技術委員会に提出した資料や政府事故調査委員会の最終報告書によれば、三月一二日には、保安院の記者会見で炉心溶融が進行している可能性について語られていた。しかし、一二日の夜以降は発言が曖昧になり、炉心溶融という言葉ではなく、炉心損傷などの言葉が使われるようになった。東京電力の記者会見でも、炉心溶融という言葉を避けて、炉心損傷という言葉を多用する姿勢がみられた。

たいする報道はどうだったか。1号機の水素爆発の翌日である三月一三日の朝刊は、各紙ともに「炉心溶融が起きている」ということ、あるいは「炉心溶融の可能性がある」ことについて大きく取り上げた。毎日と朝日は、三月一四日と一五日にも炉心溶融が3号機、2号機と拡大していることを見出しに出していた。しかし、それ以降は、福島第一原発事故の記事の見出しから炉心溶融が急速に消えていった。読売と日経は「炉心溶融がまだお

きていない」という位置づけの見出しを掲載していた。

以上のことから、保安院と東京電力の記者会見における炉心溶融の扱い方と、全国紙四紙の記事の見出しにおける炉心溶融の扱いが同じ傾向で推移したことが示唆される。四紙が炉心溶融の見出しを再び大きく登場させたのは、保安院と東京電力が、炉心溶融の発生を認める記者会見をひらいたときである。このことも、全国紙の報道が、政府・東京電力の発表内容を反映したものになっていた可能性をしめしている。

†炉心溶融にかんする情報源の分析

二つめは、記事本文を対象とする情報源分析である。「炉心溶融」がどのような情報源（保安院や原子力専門家など）をもとに語られているのかを調べていく。

これも全国紙四紙の記事を対象とする。期間は、福島第一原発事故の発生日翌日の二〇一一年三月一二日から三月末までとする。初期対応の時期といえる。

記事の見出しや本文に「溶融」という単語が含まれる記事を抽出し、そのなかから、さらに「炉心溶融」について政府・東京電力や原子力専門家らが情報源として語っている箇所を抜き出して整理してみる。本分析では、一般記事や社説のなかで取り上げられている箇所に対象を限定した。

分析の結果、情報源が「炉心溶融」にたいして何らかの判断をしていると考えられる記述箇所は朝日新聞が一四件、日経新聞が一五件、毎日新聞が一四件、読売新聞が一一件あった。情報源としては「政府・東電」「専門家」のほかに「海外の原子力組織」「海外メディア」「その他（政治家・作家）」というジャンルに分類できた。各紙のジャンル別の登場件数は表2-1のようになった。各紙ともに「政府・東電」と「専門家」を情報源とするケースが多いのがわかる。とくに読売新聞は「政府・東電」を情報源とする割合が高かった。

ここでは、対象の情報源を「政府・東電」にしぼり、情報源と、その情報源が炉心溶融をどう語っているかについて整理をした。計二九件を日付順に並べた一覧表が表2-2である。

情報源引用の頻度をみると、三月一三日、一四日、一五日に一つのヤマがあり、その後急減している。これは、見出し分析でみた溶融見出しの増減とよく似た傾向である。情報源引用の頻度からは、三月二八日と二九日に、もう一つ小さなヤマがあることがわかる。

情報源分析からわかるのは、1号機が水素爆発をおこした翌日の三月一三日の紙面では、保安院が圧倒的に多いことである。しかし、保安院を情報源とする記述は、三月一四日以降はほとんど消えている。三月一九日の読売新聞朝刊は、保安院を情報源とし、「原子力

表２－１　炉心溶融についての情報源の分類

	政府・東電	専門家(個人)	海外の原子力組織	海外メディア	その他（政治家・作家）
朝日	7	5	1	0	1
日経	7	6	1	1	0
毎日	6	6	1	0	1
読売	9	1	0	1	0

表２－２　炉心溶融にかんする４紙の情報源と言及の仕方（政府・東京電力のみ）

	掲載紙面	情報源	記事本文
３月13日	朝日朝刊	保安院／東京電力	保安院、東電とも、炉心溶融の可能性が高いとしている。
３月13日	朝日夕刊	官房長官	原子炉内で燃料が溶ける炉心溶融が起きた可能性に言及した。
３月13日	日経朝刊	保安院	「炉心溶融でしか考えられないことが起きている」と発表した。
３月13日	毎日朝刊	保安院	「炉心溶融が発生したとみられる」と認めた。
３月13日	毎日朝刊	保安院	「炉心溶融が進行しているとは考えていない」との見方を示した。
３月13日	読売朝刊	保安院	福島第一原発１号機の原子炉内で炉心の一部に溶融１が起きている可能性が高いと発表
３月13日	読売朝刊	保安院	炉心溶融が起きた可能性に触れた。
３月13日	読売朝刊	保安院	保安院などが今回、炉心溶融の可能性を考えたのは、放射性物質のセシウムが同原発外部で検出されたからだ。
３月13日	読売朝刊	保安院	炉心が溶融した可能性を指摘。
３月14日	日経夕刊	東京電力	炉心溶融が起きている可能性がある。
３月14日	毎日朝刊	官房長官	１号機に続いて３号機でも炉心溶融が発生し、大量の水素の発生によって、１号機のように原子炉建屋《たてや》が爆発する可能性があると発表した。
３月14日	毎日朝刊	保安院	「圧力容器内では水面から燃料棒が露出し、損傷した」と話し、炉心溶融しているとの見方を示した。
３月14日	読売夕刊	東京電力	東電は「原子炉格納容器と圧力容器は健全」とみている。同社幹部は「炉心が溶融した可能性がある」と話した。

3月15日	朝日朝刊	東京電力副社長	空だきの状態になっている可能性を認めた。炉心溶融の可能性があり、格納容器が持ちこたえられるかどうかが焦点となっている。
3月15日	朝日朝刊	官房長官	燃料棒が露出した1～3号機の炉心溶融について「可能性は高い。三つとも」と述べた。
3月15日	朝日朝刊	官房長官	1～3号機で「炉心溶融」の可能性があることを認めた。
3月15日	日経朝刊	官房長官	燃料が溶ける炉心溶融の可能性が高いと説明。
3月15日	読売朝刊	官房長官	1～3号機どれでも燃料棒の溶融が起きている「可能性は高い」との見方を示した。
3月19日	読売朝刊	保安院	原子力安全・保安院の見解では、福島第一原発では燃料棒の損傷が起きている可能性はあるが、炉心溶融には至っていない。
3月24日	読売朝刊	原子力安全委員会委員長	「(水素爆発した) 1号機の核燃料はかなり溶融している可能性がある。2、3号機に比べて、最も危険な状態が続いている」と指摘。
3月25日	毎日夕刊	東京電力	東電によると、この水からはヨウ素131やセシウム137などベータ線を放出する放射性物質が高濃度で検出され、核燃料が溶融して漏えいした可能性があるという。
3月28日	朝日夕刊	原子力安全委員会	一時溶融した燃料と接触した格納容器内の水が、何らかの経路で直接流入したと推定されると発表した。
3月28日	日経夕刊	原子力安全委員会	「一時溶融した燃料と接触した格納容器内の水がなんらかの経路で直接流出してきた」との見解をまとめた
3月28日	日経夕刊	官房長官	「一時溶融した燃料と接触した水ということなので、継続的に溶融しているということではないのではないか」との見方を示した。
3月28日	毎日夕刊	原子力安全委員会	安全委の見解によると、汚染水は「一時溶融した燃料と接触した格納容器内の水が何らかの経路で直接流出したと推定される」としている。
3月28日	読売夕刊	官房長官	一時溶融した燃料と接触した水が直接流出したものとの見方を示した。
3月29日	朝日夕刊	官房長官	「燃料棒が一定程度溶融したことを裏付けている」と述べ、原子炉の核燃料が損傷して漏れ出しているとの認識を示した。
3月29日	日経朝刊	原子力安全委員会委員長	「一部溶融してもおかしくない」と指摘した。
3月29日	日経夕刊	官房長官	「一定程度溶融したことを裏付けるものだ」と述べ、燃料棒が著しく損傷しているとの認識を示した。

安全・保安院の見解では、福島第一原発では燃料棒の損傷が起きている可能性はあるが、炉心溶融には至っていない」と書いた。「溶融」ではなく「損傷」という保安院や東京電力の会見方針が反映された記述になっている。

東京電力は原発事故の当事者であり、事故の一次情報を有する組織だが、事故発生から三月末までのあいだに、炉心溶融についての情報源となったケースはきわめて少ない。そのなかでは、三月一四日夕刊などで、東電幹部が「炉心が溶融した可能性がある」と話したことが引用されている。この点は、東京電力が新潟県技術委員会に提出した資料にしるされている東電テレビ会議の発言内容と符合するようにおもわれる。

先ほど紹介した東京電力の資料から、テレビ会議の当該発言部分を抜きだしてみよう。

・三月一四日　一三時一三分　ＴＶ会議（小森常務）

（同日一二時〇八分の会見で炉心溶融の可能性があると回答したことについて）「〇〇さんからもご注意がありまして。炉心溶融の可能性が絶対否定できないという問いに対して、あまり強くも否定できないから、調べてからという感じも含めて、モヤモヤとなったところ、可能性ありと、直接的には答えてないけど。そんな雰囲気をとられてしまったというのが事実」

東京電力内部では、炉心溶融の可能性があるとメディアが受けとった記者会見の発言を反省しているのである。記者側が炉心溶融を認めさせようとするのにたいし、東京電力はなんとか言質をとられないようにしている。東京電力の発表をそのまま記事にしていく発表報道ではない、取材者と発表者との駆け引きが垣間見える部分である。ただ、事故発生から三月末までの期間で東京電力が炉心溶融の情報源となる機会は、このときを除けばほとんどない。保安院と東京電力にすれば、事故の初期に炉心や燃料棒の「損傷」で押しとおす方針は成功したといえる。

炉心溶融の情報源として意外に多く登場するのが、官房長官と原子力安全委員会である。官房長官の発言は三月一三日こそ少ないが、三月一四日から三月一五日にかけて、1号機だけでなく、3号機や2号機も炉心溶融が起きている可能性が高いことを認め、そのことが官房長官を情報源として報道されていた。また、三月二八日には放射性物質が含まれる汚染水の問題が記者会見で取りあげられている。そのさい、原子力安全委員会が「一時溶融した燃料」が要因だとする見解をまとめ、官房長官もそれをもとに「燃料棒が一定程度溶融した」と発言している。

汚染水の問題が発覚したことにより、原子炉内の深刻な炉心溶融が裏づけられ。その後、東京電力は三基ともに炉心溶融を認める方向になっていくのだが、当時のプロセスにおいて、三月後半の官房長官と原子力安全委員会の記者会見は重要な役割を果したのではないかと推察する。

†「編集局の意思」と「取材部門の意思」

情報源の分析で対象としているのは、おもに新聞記事の本文である。先ほど、新聞の見出しには「編集局の意思」があらわれるという説明をした。それでは、記事本文には誰の意思があらわれやすいだろうか。私は、「取材部門の意思」があらわれやすいと考えている。

ニュース生産過程を考えてみよう。記事は取材した記者が執筆し、その原稿にデスクが手を入れる。手直しされた記事は編集部（整理部）に出稿される。編集者の仕事は、出稿された記事をもとに記事の扱いを決め、見出しをつけることである。編集者が考えた見出しを、編集局の責任者がチェックする。記者やデスクは見出しに注文を出すことはできるが、見出しをつけることはできない。一方で、編集者は記事の内容に注文をつけることはできるが、基本的に、記事を直すのは記者とデスクの担当である。ゆえに、記事には、執筆した記者とデスク、すなわち取材部門の意思が反映されやすい。

†「本格的な炉心溶融はまだおきていない」という語られ方

次に三つめとして、記事本文を対象に、各紙が「炉心溶融」についてどのように語っていたのか、記事にあらわれる言説を分析してみようとおもう。記事の言説を分析することにより、先ほど指摘した「取材部門の意思」を調べることができるはずである。

手がかりとして、「溶融」という言葉が見出しだけに登場する「溶融見出し数」と、見出しあるいは本文に登場する「溶融記事数」について、日別に四紙合計でまとめてみた（図2-5）。期間は二〇一一年三月一二日〜三月三一日である。どの日も、「溶融記事数」の方が「見出し数」を圧倒的に上回っている。溶融見出しの記事がゼロの日でも、溶融記事は一件から七件掲載されていた。見出しには「溶融」がついていないのに、記事本文中に溶融という言葉が登場する記事は多数存在していたことがわかる。

注目したいのは、記事本文における「溶融」という言葉に含まれる意味である。先ほど紹介した、四紙の見出し分析でわかったように、「炉心溶融がおきている」という位置づけで使っている場合もあれば、「溶融はまだおきていない」という位置づけで使うこともある。

そこで、記事本文に登場する「溶融」の使われ方を、文脈にそって読み解く作業をおこ

図２－５　四紙における溶融見出し数と溶融記事数

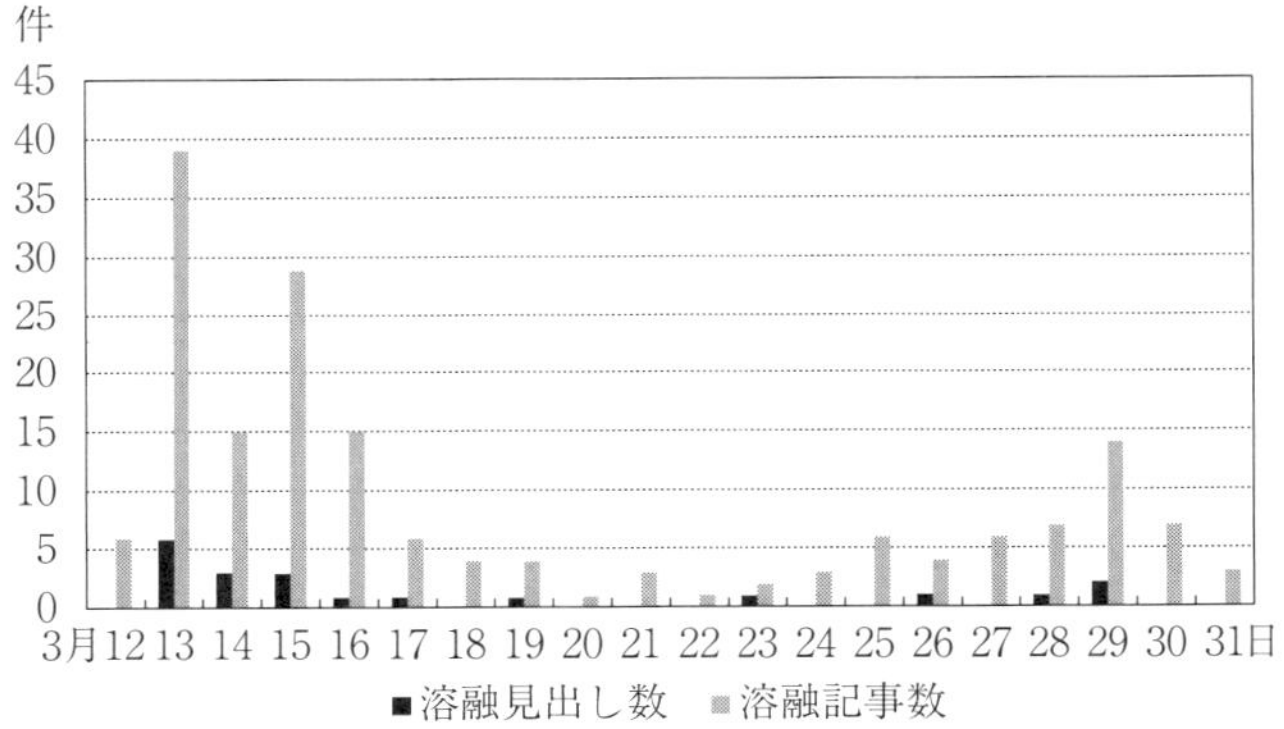

なった。結果を紹介しよう。

三月一二日に1号機の水素爆発があった直後の紙面では、「炉心溶融が進行している」、あるいは「炉心溶融がおきている可能性がある」「炉心が溶融したとみられる」といった表現で記述されるケースが多い。端的に、炉心が溶融しつつあるというイメージである。

興味深いのは、放射性セシウム検出との関係である。たとえば、読売新聞は次のように書いている。

「1号機の近くで、核燃料の分裂反応で生じる代表的な放射性物質のセシウムなどが測定されたことは、炉心溶融の発生を示している」（『読売新聞』二〇一一年三月一三日朝刊）

放射性セシウムは、原子炉内の燃料棒が損傷しても、圧力容器や格納容器といった「密閉の壁」が維持されていれば、原子炉の外では検出されるはずのないものである。放射性セシウムの測定は、すでに原子炉の圧力容器や格納容器に深刻な損傷ができていることを強く示唆していた。この記事は、その関係を自覚的に伝えているといえるだろう。

しかし、数日のうちに「炉心溶融」の使われ方に混乱が生じてくる。燃料棒が溶ける「燃料棒溶融」という表現もあれば、燃料棒が溶け落ちる「メルトダウン」と同義の場合もでてくる。前者の場合は、燃料棒の「損傷」と同じ意味になり、燃料棒の「一部溶融」という表現にもなる。

この混乱の理由として、「炉心溶融」という言葉の定義が曖昧だったことがあげられる。もう一つ、保安院と東京電力が、1号機、2号機、3号機でおきている事態にたいし、「炉心溶融」という表現を極力避け、「燃料棒損傷」という言葉を多用したことの影響が大きかったとおもう。日経新聞は次のような記事を書いている。

「核燃料の一部が損傷した可能性が高い。さらに進めば燃料棒が溶けて圧力容器の底に落ちる炉心溶融に至る恐れがある」(『日経新聞』二〇一一年三月一五日)

「燃料棒損傷」はおきているが、燃料棒が溶け落ちるような「炉心溶融」はまだおきていないという語られ方である。程度の差はあれ、全国紙四紙に共通していた。

しかし、原子炉内の状況の深刻度の認識については、朝日・毎日両紙の紙面と日経・読売両紙の紙面のあいだで差異が生じていた。

朝日新聞と毎日新聞の記事は、原子炉の事態をより深刻にみる傾向があった。

「1～3号機の炉心（圧力容器）も異常事態だ。内部の状況は不確かだが、長時間、核燃料が露出し、ある程度の燃料溶融（炉心溶融）が起きているとみられる」（『朝日新聞』二〇一一年三月一八日朝刊）

「2号機の爆発では、第四の壁の格納容器の一部が損傷した恐れがある。また、すでに炉心溶融が起きていることから、第1、第2の壁も損傷している」（『毎日新聞』二〇一一年三月一五日夕刊）

これにたいし、日経新聞と読売新聞の記事は、炉心溶融はまだおきていないという立場を強調した。

「(4号機に=筆者注)十分な水を放水できなければ、使用済み核燃料の溶融という深刻な事態になりかねない」(『日経新聞』二〇一一年三月一七日夕刊)

「原子力安全・保安院の見解では、福島第一原発では燃料棒の損傷が起きている可能性はあるが、炉心溶融には至っていない」(『読売新聞』二〇一一年三月一九日朝刊)

「炉心溶融」にかんする記事を読んでいて、特筆すべき記事があることに気づいた。朝日新聞の二〇一一年三月二九日朝刊二面に掲載された《汚水流出　どこまで　燃料溶融、地震翌日から?》である。記事では、専門家の見方として、炉心溶融はかなり早くはじまっていたとの考察をしるしている。

「福島第一原発1~3号機の原子炉内の核燃料の崩壊はいつ始まったのか。専門家の間では、地震発生の翌一二日から一四日には溶融が始まり、短時間で原形をとどめない状態になったという見方が有力だ」

炉心溶融がおきた時期の推定は、のちに東京電力が発表する分析とほぼ合致した内容となっている。「溶融」にかかわる記事のなかには、見出し分析がしめした大本営発表的な姿勢とは別に、事態の真相に迫ろうとする積極姿勢がみられる記事もあった。

†記者会見と新聞報道の「炉心溶融」を比較する

最後に四つめの分析として、政府・東京電力の記者会見で使われる「炉心溶融」という言葉と、新聞記事で使われる「炉心溶融」という言葉の使用回数を日別、発言者別などで数量的に整理し、その増減の傾向を比較してみよう。

記者会見のデータとしては、私たちの研究グループで、官房長官と原子力安全・保安院、東京電力の記者会見のテキストを作成し、それを利用した。作成した記者会見テキストは、福島第一原発事故の発生初期にあたる二〇一一年三月一一日から三月三一日にかけてのものである。記録をほぼ忠実に文字に起こしており、聞き取れない部分は黒丸（●）としている。公共的な意義のある資料だと考え、私たちの研究サイト「FUKUSHIMA STUDY」[24]（http://fukushimastudy.org）で三つの記者会見のテキストを公開している。報道や研究などに積極的に活用していただきたいと考えている。

記者会見の分析においても、これまでの報道分析と同じように、「溶融」という言葉をキーワードとし、記者会見のなかで「溶融」が言及されている箇所を抽出した。そして日別に「溶融」の言及回数をデータ化した。本章では、三つの記者会見データを合計したものを取り扱っていく（図2-6）。記者会見と新聞報道を比較する視点から、四紙の溶融記事数のデータを同一のグラフ内に描いた。

グラフの傾向を調べると、三月一二日から一六日ごろにかけてヤマがあり、また三月二八日から二九日にかけてもう一つピークがあるという点で、二つのデータのパターンは似ているようにもみえる。ただし、溶融記事数の方は、三月一三日と三月一五日に二つのヤマがあるという点、また、溶融記事数のヤマやピークの方が、記者会見の溶融言及数よりも一日、二日遅れてでているようにみえる点が異なっている。

次は、溶融に関する発言回数のデータ化である。

記者会見では、あるテーマについて発表し質問に答える発表者の側と、発表者にたいして質問をする記者の側というように、発言者のサイドが大きく二つに分かれる。そこで、会見の発言を「会見者発言」と「記者発言」に分け、「溶融」が登場する発言数を日別に整理することにした。この場合、一つの発言を単位とすることとし、同一の発言のなかに「溶融」という言葉が「三回」言及されていても発言数は「一回」として数えることとした。

図2-7は、三つの記者会見の溶融発言数を、発言者の二つのジャンル（会見者発言・記者発言）に分けて合計したデータを日別の積み上げ棒グラフにしたものである。溶融につ

いての発言は、三月一二日から一六日にかけて大きなヤマがあり、三月二八日にもう一つのピークがみられることがわかる。両方のピークにおいて、会見者側(政府・東電)の発言と記者側の発言の両方が増加しているが、割合としては記者の発言の方が多い。とくに三月一五日から一六日にかけては発表者側の溶融発言はほとんどなかったが、記者は一定程度、溶融について質問していたことがうかがえる。

図2-6から示唆されるように、記者会見における溶融言及数と、新聞の溶融記事数は似かよったパターンの可能性がある。もしかすると、溶融発言数の方がもっと関係があるかもしれないし、そのなかでも発表者の発言数と溶融記事数の方が、より関係が強いかもしれない。あるいは、溶融記事数よりも溶融見出し数の方が、記者会見の内容をより強く反映しているかもしれない。さまざまな関係の有無が考えられる。

そこで、記者会見の側は、三会見(合計)の「溶融言及数」「溶融発言数」「会見者溶融発言数」「記者溶融発言数」の四つ、新聞報道の側は四紙(合計)の「溶融見出し数」「溶融記事数」の二つを用意し、互いのデータの相関を調べることにした。

相関の有無をみる方法としては、二つの時系列データの相関を調べるために使われる「交差相関係数」とよばれるものを算出することにした。

一般的に考えると、記者会見を受けて報道がおこなわれるので、新聞の場合、記者会見

図2-6　政府・東電の記者会見における溶融言及数と4紙の溶融記事数

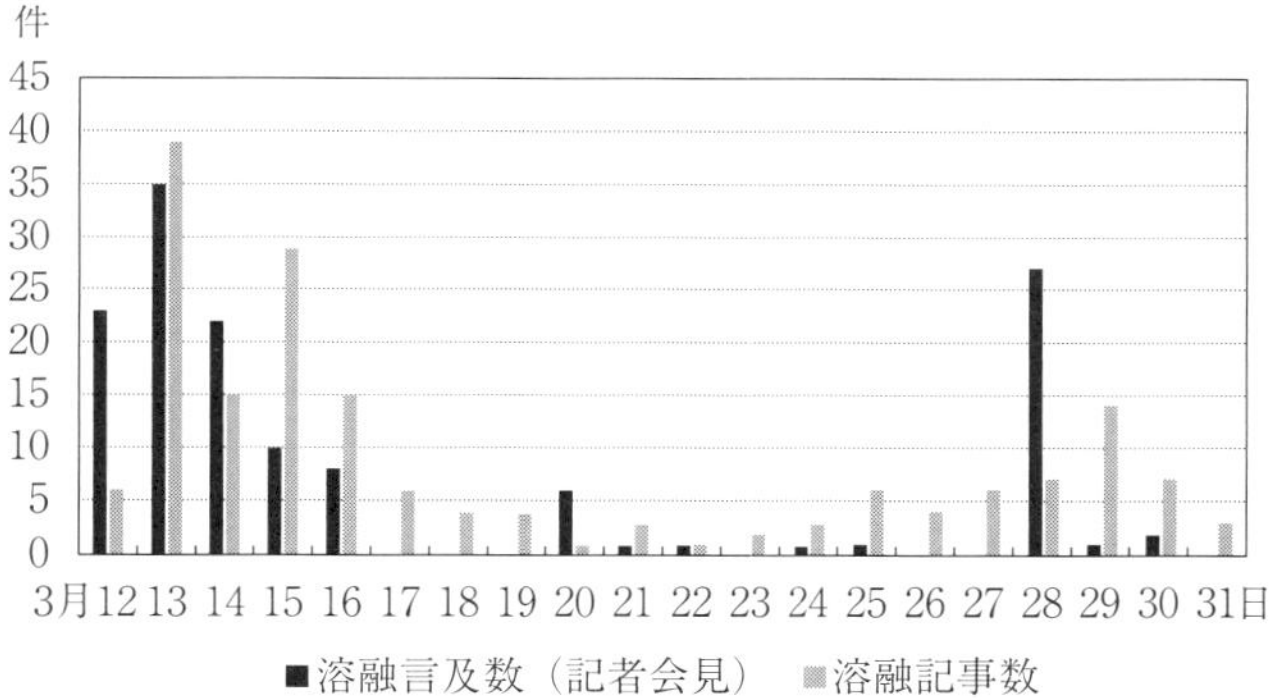

図2-7　政府・東電記者会見における会見側溶融発言数と記者側溶融発言数

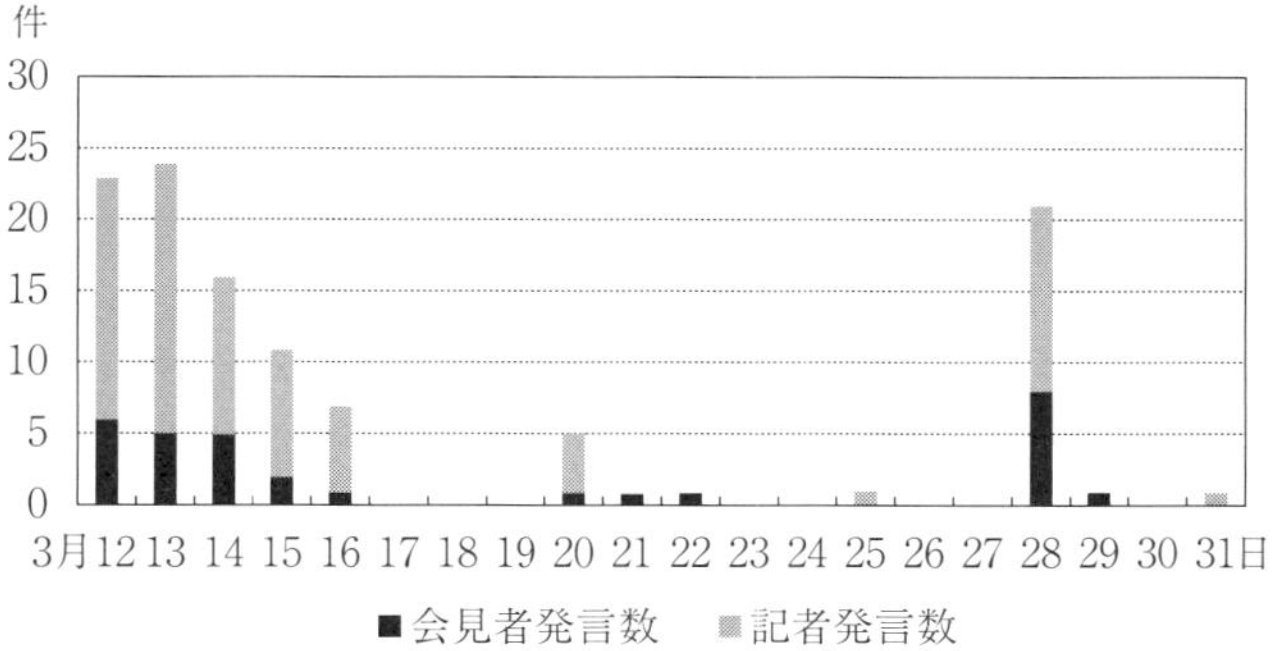

の翌日に会見の内容が反映された記事が掲載されると推察される。つまり、記者会見のデータと報道のデータには一日のラグ（遅れ）が発生する可能性が考えられるということである。このように二つの時系列データを、互いに時間をずらしながら（いろいろなラグを設定しながら）相関の度合いを調べることで、どのデータが先行しているのかを明らかにできるのが、交差相関係数を使用する利点である。

記者会見の四つのデータ（溶融言及数、溶融発言数、会見者溶融発言数、記者溶融発言数）と新聞報道（溶融見出し数、溶融記事数）の二つのデータを合わせて、四×二＝八通りの組み合わせで、記者会見データと報道データの交差相関係数を算出した。記者会見データと報道データのラグは±四日（マイナス四日〜プラス四日）のあいだで計算をした。

結果は八通りのグラフにしめされ、いずれも似た傾向のグラフの形となった。紙面の都合もあり、ここでは、八つの組み合わせのうち相関係数の数値のヤマが大きく出た二つのグラフを取りあげて説明したい。

一つは、「三記者会見溶融発言数」と「四紙溶融記事数」のあいだで算出した交差相関係数のグラフである（図2-8①）。

グラフから読みとれるのは、ラグ値が1とゼロのときに相関係数の値が信頼限界を超え、有意な相関がみられたことである。それ以外のラグ値では有意な相関はみられなかった。

図2-8① 三記者会見溶融発言数と四紙溶融記事数のあいだの交差相関係数

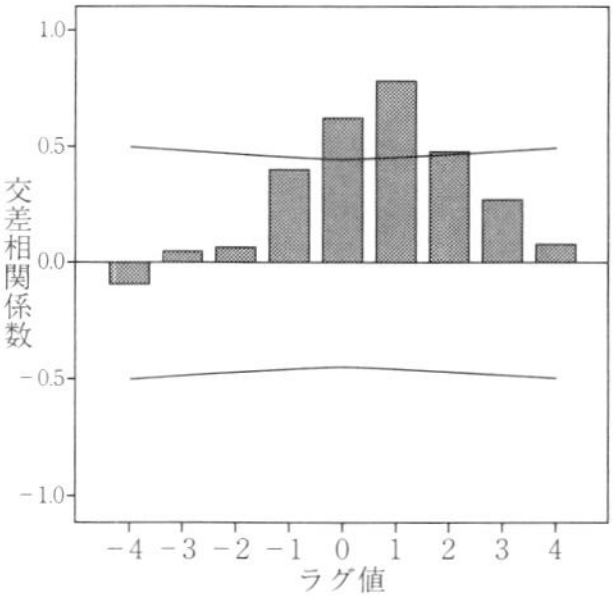

図2-8② 三記者会見 会見者溶融発言数と四紙溶融見出し数のあいだの交差相関係数

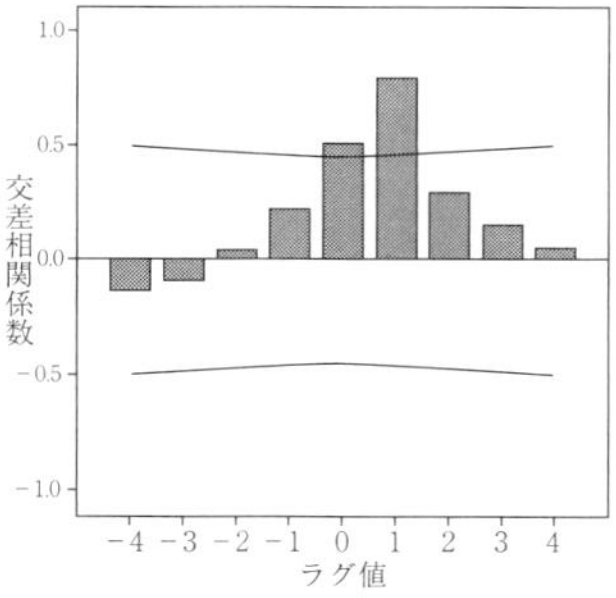

注1：縦軸が交差相関係数、横軸がラグ値
注2：実線は信頼限界の上限値および下限値を示す（信頼水準約95%で有意と判定）

いちばん相関が強いのはラグ値が1のときで相関係数は〇・七八二だった。

ラグ値が1（単位は日）というのは、記者会見よりも「一日遅い」新聞データを対象としたという意味である。これは、記者会見における溶融発言数が「翌日」の新聞の溶融記事数に反映しているということを物語っている。ラグ値がゼロでも信頼限界を超えたことは、「一日遅れ」以外にも「同じ日」のデータでも有意な相関がみられたことを意味している。わかりやすくいうと、記者会見の内容が翌日の記事だけでなく、当日の記事にも反映していることをしめしているといえる。具体的には、午前中の記者会見での発言がその日の夕刊の記事に反映するといったことが考えられる。

表2-3　溶融にかんする記者会見のデータと1日遅れの新聞記事データの交差相関係数表

		3記者会見溶融言及数	3記者会見溶融発言数	3記者会見会見者溶融発言数	3記者会見記者溶融発言数
1日遅れのデータ（ラグ＝1）	4紙溶融見出し数	0.761	0.785	0.795	0.769
	4紙溶融記事数	0.727	0.782	0.782	0.77

注：すべての値は有意（信頼水準約95%）と判定された

もう一つは、「三記者会見・会見者溶融発言数」と「四紙溶融見出し数」のあいだの交差相関係数のグラフである（図2-8②）。

このグラフでは、ラグ値が1のときの相関係数が際立って大きく、〇・七九五となっている（八通りの組み合わせのなかでいちばん高い数値）。ラグ値ゼロも有意な相関とはなっているものの、信頼限界すれすれの値となっている。このことは、ラグ値が1のときがもっともよい相関だということで、具体的には、記者会見の会見側の溶融発言が、「翌日」の新聞報道の見出しに反映され、同期していることをしめしている。

次に、ラグ値を1としたときの、記者会見の四つのデータと新聞報道の二つのデータの相関係数を一覧にしてみた。表2-3のとおりである。

表からは、溶融にかんする記者会見のデータと翌日の新聞記事データとの相関係数がいずれも〇・七二七〜〇・七九五となり、強い相関があることを確認できた。

興味深いのは、記者会見データとの相関係数は、溶融記事数より溶融見出し数の方がやや高くなっているようにみえることである。「炉心溶融」をできるだけ避けようとする記者会見の意向をより強く反映したのは「取材部門の意思」があらわれる記事本文よりも、「編集局の意思」があらわれる新聞の見出しだったと推察することができるかもしれない。

交差相関係数の分析結果は以上である。

もう一度、図2-6と図2-7にもどって考えてみたい。

図2-6をみていて、私がおやっと思ったのは、三月二八日の記者会見における溶融言及数の多さである。三月二八日前後には、汚染水問題が浮上し、原子力安全委員会と官房長官が発表で炉心溶融による放射性物質の漏洩の疑いを強く示唆したときである。これに対応する溶融記事数は三月二九日の一四件をピークにそれなりの数がある。注目したいのは、このときの溶融見出し数である。図2-5をみると、三月二八日〜三〇日にかけての溶融見出し数は計三件となっている。「炉心溶融」を見出しにとった記事が少なかったことがわかる。

汚染水問題で官房長官らが炉心溶融に言及しても、新聞の見出しに「炉心溶融」が登場しなかったのは、「原子炉は燃料棒の損傷だけで炉心溶融には至っていない」という保安院や東京電力の見解がマインドセットのように新聞社の編集局をおおっていたと考えることができるだろう。

図2-7で指摘しておきたいのは、記者会見において、記者の側から溶融について発言する数が多かった点である。記者の発言事例をみてみよう。取りあげるのは、東京電力が三月一四日午前におこなった記者会見である。溶融についてふれた記者の発言をピックアップすると次のようになる。

記者　そう大きく変化していない可能性が高いというのは、溶融してないってことですか。

記者　じゃあその燃料棒が置かれている、燃料が置かれている状態自体が1号機のときとどう違うんですか。ここがこう違うからここは、ね、溶融に至ってないっておっしゃるならわかるんですけど、状況的に変わらないのに至っていないというふうに見通しを示されるので、みんな困惑しているんですよ。

記者　溶融の可能性あるっていうことですね。

記者　溶融の可能性は否定しないですね。

このように、原子炉の状況が炉心溶融といえる状況ではないかと、繰り返し念を押すような質問がみられた。発表報道といわれるもののなかには、細部をよくみると、このように記者の主体的な姿勢がうかがえることもあり、今後の研究課題になると考えている。

以上、新聞報道を中心に、炉心溶融にかんして見出し分析、記事本文の情報源分析、言説分析、そして、記者会見と新聞報道のテキストについての定量的な分析を試みてきた。

†分析結果のまとめ

結果をまとめてみよう。

見出し分析からは、保安院や東京電力の記者会見における「炉心溶融」の扱いと四紙の新聞報道の見出しに登場する「溶融」の増減傾向が同じであることがわかった。情報源分析からは、官房長官の記者会見も、新聞報道が炉心溶融について報じるさいの情報源となっていることが明らかになった。また、テキストの定量的な分析により、官房長官、保安院、東京電力という三つの記者会見で発言される「溶融」という言葉の登場回数や発言回数と、その翌日の四紙の新聞報道における「溶融」の登場回数が強く相関していた。以上のことから、炉心溶融についての四紙の報道が政府・東京電力の三つの記者会見に影響をうけていることが強く示唆された。

言説分析で明らかになった、「炉心溶融」の語られ方も重要なポイントである。保安院が三月一二日に「炉心溶融が進行している可能性」を認めて以降は、炉心の「溶融」ではなく「損傷」という表現に変化し、事故の矮小化が図られた。新聞報道も、炉心の「一部溶融」や「損傷」という表現を使い、「本格的な炉心溶融はおきていない」というメッセージを発していた。しかし現実には、1号機、3号機、2号機と三月一一日から一四日にかけてすでに炉心溶融に至っていた。圧力容器内にとどまっているはずの放射性セシウムが原子炉の外で検出されており、深刻な炉心溶融がおきている可能性が強く疑われるにもかかわらず、新聞は「これから炉心溶融がおきる恐れ」「炉心溶融を回避する努力」を強調していた。

この点は、マスメディアが政府・東京電力と一体化し、国民がパニックにならないように、事故の情報を抑制する方向に動いたことが考えられる。

以上の分析結果から、「報道機関は、保安院と東京電力の記者会見で得た炉心溶融に関する情報をそのまま報道した」という仮説（2）は、新聞四紙を対象にした分析の範囲においても成り立つことが強く示唆されたといえる。

マクロにみれば、あるいは外形的には、大本営発表報道になっていた。しかし、より詳細な分析からは、いくつか興味深い知見も得られている。項目別に整理してみよう。

・時期はかぎられるが、記者は原子炉内で炉心溶融がおきているのではないかと政府や東京電力の記者会見で繰り返し積極的に質問していた。一例として、燃料棒の「損傷」という見方ですすめたい東京電力側にたいして記者側が「炉心溶融」の可能性について迫り、東京電力が炉心溶融を否定しにくい状態にした。

・朝日新聞、毎日新聞の二紙と読売新聞、日経新聞の二紙とは、見出し、記事本文ともに炉心溶融についての語り方に差異がみられた。朝日・毎日は、炉心溶融が一部はおきているという前提の見出しや記事が目立つのにたいし、読売・日経は、おきているのは燃料棒の損傷であり、炉心溶融はおきていないという前提の見出し・記事が目立った。読売・日経は炉心溶融を防ぐことに焦点をあてる見出し、記事にも力がいれられていた。朝日と毎日は社説などで原発に慎重な姿勢をとり、読売・日経は原子力発電推進の姿勢をとってきた。原発にたいする新聞社の態度が、原発事故の初期報道に影響した可能性が考えられる。

・福島第一原発事故で実際におきたのは炉心溶融であり、燃料棒損傷というレベルではないということを三月下旬に発表したのは原子力安全委員会だった。今日にいたる炉心溶融と汚染水の問題を提起するうえで原子力安全委員会が重要な役割をはたしたと推察される。

†「想定外」にしばられるマスメディア

福島第一原発事故の初期段階におけるいちばん重要なテーマは、東京電力の事故対応は適切だったのか、ということである。炉心溶融の問題は、このテーマに密接にかかわっている。

地震の後に津波が襲い、福島第一原発は全電源喪失の危機的な事態をむかえた。東京電力のスタッフは懸命の対応をしたが、1号機、3号機、2号機の順で事故発生から数日間のうちに炉心溶融に至った。炉心溶融が原因となり、原子炉の格納容器から放射性物質が外に出て、広い範囲を汚染した。東京電力の試算によると、福島第一原発から大気中に放出される放射性物質の量は、チェルノブイリ原発事故の放出量の約六分の一となっている。汚染水の問題も炉心溶融がひきおこした深刻な事態である。

東京電力の事故対応については、次の二つの見方が考えられる。一つは、東京電力の初期対応は適切であり、その対応が生きてチェルノブイリ原発事故ほどの放出量にはならなかった、という見方である。もう一つは、東京電力の初期対応は適切ではなく、その結果、放射性物質の大量放出となったのであり、適切に対応していれば、炉心溶融はおきておらず、深刻な汚染水問題もおきていなかったという見方である。

福島第一原発事故から五年以上が経過した。この間、福島原発事故にたいする東京電力の初期対応について、報道はどう伝えてきたのだろうか。

私が見聞きしたかぎりではあるが、原発事故の初期段階において原子炉の損傷はどのように進んだのか、東京電力はどのように対応したのか、といった点に焦点をあてた番組や記事は多く存在する。東日本大震災と福島第一原発事故が発生したのは二〇一一年三月一一日であり、その後は半年後、一年後、二年後、……五年後というかたちで節目ごとに力をいれた特集の放送や掲載がつづいている。いわゆる「アニバーサリー報道」ではあるが、それでも、被災者や被災県以外の人の関心が薄れがちななかで、報道に取り組んでいく意義は大きい。

二〇一四年九月一一日には、政府がいわゆる「吉田調書」を公開した。事故発生当時に、事故対応の指揮をとった吉田昌郎・福島第一原発所長が政府事故調査委員会の調査に答えた内容を文書にしたものである。吉田調書の公開以降も、事故対応にあたった他の東京電力スタッフの取材などをまじえながら、事故の過程を検証する試みはつづけられている。

東京電力の関係者に綿密な取材をおこない、歴史の記録者として、福島第一原発事故の細部にいたるまで当時の状況を検証しようという試みは評価されるべきである。だが、そこでは重要な視点が欠落しがちである。

原発事故の初期段階の報道によくみられるのは、福島第一原発事故の発生時の状況を現場スタッフの証言で再現する手法である。番組や記事の展開のうえで「死を覚悟した」といったヒューマンストーリーがたいせつな要素としてはいってくる。もちろん、「1号機の非常用復水器（IC）が長時間止まっていたのはミスなのか」といった事故対応にかんする問題意識も登場している。だが、そうした記事や番組は、福島第一原発の全電源喪失事故は「想定外」だったという東京電力の見解を無意識のうちに踏襲し、前提として受けいれている。

吉田証言を含めて原発スタッフの証言取材をもとに再現する場合、そこにはすでに彼女らの目線が埋めこまれている。東京電力の組織としての考えは、事故は「想定外」であり、その組織の目線が番組の基調をなすことになる。未曾有の危機に対処した東京電力と原発のスタッフに寄り添うように気持ちを理解し、共感することは大事である。ただ、共感したうえで、もう一度、第三者の視点に立ち戻り、批判的な姿勢で事実関係を切り取らなければならない。この批判的な姿勢が難しい。

†「全電源喪失」は「想定外」の事故だったのか

東京電力の事故初期対応は適切だったのか。このことを考える際に、もっとも重要だと思われるのは、事故は「想定外」といえるのか、それとも「想定内」だったのか、という視点である。

福島第一原発事故における「想定外」の議論のポイントは、大きくいって「巨大津波」と「全電源喪失事故」の二つであろう。一般に、想定外の出来事として「巨大津波に襲われて全電源喪失の事故に至った」といわれるが、このなかの「巨大津波」と「全電源喪失事故」は別個のものである。交流と直流の電源すべてを失ってしまう全電源喪失事故は、津波の被害でなくともおきうる事故だからである。

福島第一原発にとって巨大津波の襲来が想定外だったかどうかは、よく議論されている。この点については、東京電力が二〇〇八年、波源モデルにもとづく津波の試算をおこない、福島第一原発周辺に最大一〇・二メートルの津波が押しよせ、遡上高としては最大一五・七メートルになる可能性があるという結果をだしていたことが明らかとなっている。試算結果にもとづけば「巨大津波は想定内」となるが、東京電力は「仮想的な『波源』にもとづく試行に端を発するものであり、実際に対処すべき津波として想定していたような事実はない」との見解をだしている。「仮説に過ぎず想定していない」との考えである。政府事故調査委員会は中間報告書で「津波対策を見直す契機があったものの、見過ごされ、結果的に事故を防ぐことができなかった」と東京電力の対応の不備を指摘している。

もう一つの「全電源喪失事故」はどうだろうか。

東京電力は「想定外」だったという立場である。全電源喪失が想定外かどうかについては、テレビや新聞はテーマとしてほとんど取りあげてこなかった。

「想定内」だと考える専門家はいないのだろうか。そんなことはない。日本の原子力災害対策や原子力安全研究をになってきた複数の専門家が「想定内」だと発言している。全電源喪失を想定した炉心溶融シミュレーションの報告書[25]も存在していた。

†原子力安全研究の専門家が指摘した「事故は想定内」

福島第一原発事故は「想定内」の事故であり、東京電力は事故対応の手順書を参照しない人為的ミスをおかした——。

東京電力の事故対応の失敗をこのように明確に批判する原子力専門家がいる。

「日本科学ジャーナリスト賞二〇一六」(日本科学技術ジャーナリスト会議主催)の受賞者

が二〇一六年四月に発表された。ジャーナリスト大賞が一件、ジャーナリスト賞が四件だった。

ジャーナリスト賞の受賞者のなかに、その原子力専門家はいた。株式会社社会技術システム安全研究所所長の田辺文也である。日本原子力研究所の研究主幹、日本原子力研究開発機構の上席研究主幹などを務めた原子力安全研究の専門家であり、スリーマイル島原発事故の分析や日本で一九九九年に起きたＪＣＯ臨界事故の原因分析に携わった経歴をもっている。科学ジャーナリスト賞の受賞者としては異色である。

受賞作品は「解題「吉田調書」ないがしろにされた手順書1～4」。総合誌『世界』（岩波書店）二〇一五年一〇月号、一一月号、二〇一六年二月号、三月号に計四回掲載された論稿である。

日本科学技術ジャーナリスト会議のホームページには、田辺への賞の贈呈理由をこうしるしている。

文章が硬く、分かりやすいとは言えないが、内容は重大かつ深刻な問題だ。政府事故調の報告書を読み解いて、福島事故の2号機、3号機へのメルトダウンの拡大は、明らかに人為ミスであり、東電の最大の失敗であったと断じている。検察庁が「想定外の天災による」と、誰ひとり刑事責任を問わなかったことへの痛烈な反論にもなっている。

贈呈理由にあるとおり、田辺氏の文章には原子力の専門用語がそのまま登場し、難解である。しかし、そこに書かれているのは、「東京電力は福島第一原発事故に適切に対応したのか」という課題にたいし、自らの専門知識をベースに、批判的な視点で取り組んだ緻密で実証的な分析である。その姿勢はジャーナリズムそのものにみえる。

田辺の視点は、事故発生直後から明確だった。二〇一一年四月一九日朝日新聞夕刊でインタビューに答えて次のように発言している。

福島第一原発事故はどうか。確かに引き金となった大津波は設計上の想定外だった。しかし、全電源喪失が続くと、やがて冷却水がなくなり、燃料が露出し、水素爆発や炉心溶融に至る。このことは、少なくとも、スリーマイル島事故以降は、世界中の専門家にとって自明だった。福島で最初の数日間に起きたことはシビアアクシデント（過酷事故）の教科書通り。まさに「想定内」の物理プロセスだった。（連載「東日本大震災の衝撃」《「想定内」に対処できず》）

高さ一五メートルの津波を想定していなかったとしても、それがきっかけとなって原発内に生じた出来事はいずれも「想定内」だった。すべてが「想定外」で片づけられがちな風潮に早くから警鐘をならしていた。

今回の田辺の論稿（とりわけ二〇一五年一〇月号）の要点をまとめてみる。

各原発には原子炉ごとに「事故時運転操作手順書」（以下、手順書）が備えられている。手順書というのは事故対策マニュアルである。配管破断事故や、原子炉が急に止まってしまう原子炉スクラム事故などの異常事象や事故がおきたときにどういう操作をすべきかについて、順をおって具体的にしるしている。

手順書には「事象ベース」「徴候ベース」「シビアアクシデント」の三つがある。「事象ベース」の手順書は、単一の異常事象や事故がおきたときの対応に使用する。「徴候ベース」の手順書は、運転時にえられる原子炉の水位、圧力という「徴候」に異常が生じた場合、たとえば「水位が不明」といった異常な徴候が確認されたときの対応に使用できる。「シビアアクシデント」の手順書は、事故が拡大して炉心がすでに損傷していることが明らかで、さらに原子炉圧力容器や格納容器が破損する恐れがあるときに使用する。

三種類の手順書をどう使い分けるかは「事故運転操作手順書の体系」にしるされている。

このうち「徴候ベース」手順書は、スリーマイル島原発事故を教訓につくられた。多重の故障により想定外の事態がおきうるという現実を踏まえて、できるだけ「想定外」を少なくする試みとして編み出された手順書である。

では、福島第一原発事故の場合は手順書に掲載されているのか。東京電力は「想定外」と言っているが、田辺によれば、1号機、2号機は「全交流電源喪失」がおきてから直流電源も失い「水位不明」の徴候が出たところで「徴候ベース」手順書の対象となっている。3号機も「全交流電源喪失」のあとに「ドライウェル圧力高」の徴候が出て「徴候ベース」手順書の対象となっている。「水位不明」「ドライウェル圧力高」ともに徴候として想定されている。「徴候ベース」の場合は、たとえば「水位不明」の原因は問わない。原因が全電源喪失であろうとなかろうと、「水位不明」となれば「徴候ベース」手順書で対応できる。このように「徴候ベース」手順書が使われるべき事態だったのにもかかわらず、東京電力は事故対応において「徴候ベース」手順書を参照しなかった。

事故対応の責任者だった吉田昌郎・福島第一原子力発電所所長は、「吉田調書」のなかで次のように語っている。

全交流電源が喪失した時点でこれはシビアアクシデント事象に該当し得ると判断しておりますので、いちいちこういうような手順書間の移行の議論というのは、私の頭の中では飛んでいますね。

吉田所長のこうした発言などから、東京電力は、実際の事故対応に「徴候ベース」手順書を使っていないことがわかる。「徴候ベース」手順書を参照して操作をしていれば、少なくとも2号機と3号機の炉心溶融は回避できた可能性が高かった、と田辺は指摘する。

2号機と3号機は、原子炉圧力容器の圧力逃し弁（SRV）をひらいて圧力容器内の圧力を減圧しつつ、低圧で作動する注水装置（あるいは消防ポンプなどの代替注入装置）を使って原子炉内に注水することで、炉心燃料の冷却を確保できたと考えている。1号機も同様の方法でやっていれば、炉心溶融は防げなかったとしても、圧力容器の底の部分が損傷して放射性物質が格納容器に漏洩する事態にはならず、事態の深刻化を防げた可能性があるというのである。

田辺が言わんとすることは理解できるが、現実には、2号機も3号機も、ある時点で圧力逃し弁（SRV）を作動させて原子炉内の圧力を下げようとした記録がある。当時の吉田所長らの対応のどこが失敗だったのか。直接会って話をうかがうことにした。以下は田辺とのインタビューの抜粋である。

――2号機、3号機では、ある時点で圧力容器の減圧をはかり、低圧の注入をしようとしていました。「徴候ベース」手順書の手順にしたがっているようにみえるが、東京電力の対応のどこが問題だったと考えますか。

田辺　2号機で原子炉圧力容器を減圧して注水するという話がでてきたのは三月一四日の夕方ごろからですね。2号機は全電源喪失になったものの、幸い、原子炉隔離時冷却系（非常用の炉心冷却装置）が動いていて、現場は格納容器のベントを優先していました。この時点ではベントよりも、圧力容器の減圧と低圧注水を優先すべきでした。

圧力容器の圧力逃し弁（SRV）をあけるには一二五ボルトの直流バッテリーが必要ですが、車一〇台のバッテリーを外して直列につなぎ一二五ボルトのバッテリーを使える態勢は一三日夕方にはできていたので、態勢が整った時点で圧力容器の減圧と消防車のポンプによる低圧注水に移行すべきでした。減圧と低圧注水をしているあいだに、外部からの交流電源の回復を待つというやり方です。そうすれば2号機の炉心溶融を防げた可能性が高いと思います。

3号機は直流バッテリーが津波被害を免れて機能していました。そのため原子炉隔離時冷却系と高圧注水系が作動して、原子炉圧力容器に水がはいっていましたが、三月一二日夜にはその注水機能が失われてしまいました。その後、一三日になってから現場は圧力容器の減圧と低圧注水の試みをはじめていますが、本来であれば、直流バッテリーが充分残っていた可能性が高い一二日午前に直流バッテリーを使って圧力逃し弁（SRV）をひらき、ディーゼル駆動の消火ポンプで低圧注水をはじめるべきでした。3号機も炉心溶融を防げた可能性が高いと思います。

――1号機は三月一二日に水素爆発をおこしました。1号機の炉心溶融を防ぐ方法はあったのでしょうか。

田辺　私の計算では1号機は三月一一日夜八時には炉心が溶けています。炉心溶融を防ぐのは難しかったと思います。ただ、車のバッテリーなどを集めて代替の直流バッテリーをつくり、それで原子炉圧力容器の圧力逃し弁（SRV）をひらき、ディーゼル駆動消火ポンプによる低圧注水をやっていれば、溶けて圧力容器下部に落下した溶融燃料がさらに格納容器に落下するのは防げたのではないかと思います。

――全体的に言えることは何でしょうか。

田辺　事故対応として、原子炉の燃料の冷却に力を入れるべきときに、吉田所長らは格納容器ベントを優先しているという問題があります。ベントは炉心溶融がおきた後にすべき対応です。東電テレビ会議の記録を読むと、吉田所長が、格納容器ベントについて誤解していたのではと思われる箇所があります。格納容器のベントをすれば圧力容器の減圧ができるという誤解です。
やるべきだったのは、三月一一日の夕方から至急で直流バッテリーを手配することです。圧力容器の圧力逃し弁（SRV）の弁を手動であけるには直流バッテリーが必要です。車のバッテリーをたくさん集めてくればいいので、現実的に可能だったと思います。自衛隊のヘリコプターで輸送してもらう最優先の資材だったのです。

田辺の理路整然とした説明からは、当時の東京電力の原発事故対応がいかに行き当たりばったりのものだったかがみえてくる。核燃料の冷却よりも格納容器ベントを優先したのはなぜなのか、真相を知りたいところである。
福島原発事故については、政府事故調査委員会、国会事故調査委員会、民間事故調査委員会、東京電力事故調査委員会といった四つの調査委員会が、事故対応などをそれぞれ調査し、報告書にまとめている。田辺は、こうした報告書は「『想定外』という言葉のレトリックの罠」にはまっていると指摘する。

いくつかの事故調査報告書などのなかで事故対応の経過などが明らかになってきたけれども、「想定外」と「想定内」の区分けもあいまいなままで、むしろ「想定外」という言葉のレトリックの罠にはまってしまい、事故対応における問題点の根本的究明に至っていないようにみえる。

テレビや新聞の報道はどうか。

事故発生五年をむかえるときの紙面では、《フクシマは本当に「想定外」だったのか》（『日経新聞』二〇一六年二月七日朝刊）というように、事故は想定外だったという言説に疑問を投げかける良記事もあった。だが、そうした視点の報道は絶対的に数が少ない。

マスメディアの報道もまた、「想定外」という言葉のレトリックの罠にはまっている。

†「吉田調書」の調査報道はこの点に注目すべきだった

田辺の論稿のタイトルにはいっている「吉田調書」といえば、吉田調書を独自に入手して報道をした朝日新聞がその記事を取り消すという事件があった。朝日新聞の「吉田調書」の入手とその報道そのものは高く評価すべきスクープである。結局は、朝日新聞の報道がきっかけとなり、政府が吉田調書の内容を公開することになった。

後知恵といわれるだろうが、吉田調書を活用した調査報道という点では、原発事故対応の手順書こそ、本筋になりうるテーマだったのではないか。吉田所長は「いちいちこういうような手順書間の移行の議論というのは、私の頭の中では飛んでいますね」と述べ、手順書には従わなかったことを明らかにしている。その手順書は、想定外の出来事をできるだけ減らすため、原子炉の水位や圧力といった「徴候ベース」の手順書を作成し、今回の福島第一原発事故も想定内にはいっている。現実におきたことは、全電源喪失と原子炉の水位不明の状態であり、その対応もしるされている。肝心の手順書に従わなかったとすれば大問題であろう。田辺のように「東京電力の明らかな人為ミス」を徹底的に追及する報道の登場に期待したい。

†大本営発表報道となった要因

本章では、福島第一原発事故とその初期段階におけるマスメディア報道、とりわけ新聞報道を対象に分析を試みた。そして、記者の主体的な取材による良記事は散見されるものの限定的であり、新聞の初期報道は、大筋において、政府や東京電力が出す都合のよい情報をそのまま伝える大本営発表報道になっていたことを明らかにしてきた。テレビの報道分析は、映像データ入手の難しさから、今回の対象にはできなかったが、専門記者が絶対的に少ないという状況もあり、大本営発表報道という点では、新聞よりもさらに一方的な伝達の側面が強かったように推測される。

原発事故報道が大本営発表報道になった要因として次の七点をあげておきたい（このうち①②③⑥については第4章、第5章のテーマとして取りあげる）。

①客観報道主義の弊害
②日々主義に基づく「差分《さぶん》報道」の弊害
③市民よりも権力・権威を重んじるメディアの慣習
④不確かな情報を扱う難しさ
⑤放射線被曝ガイドラインによる原発周辺取材の自主規制
⑥政府・東京電力の記者会見の偏重
⑦炉心溶融などのシミュレーション分析の軽視

その後の継続報道においても、東京電力が強調する「想定外」のレトリックの罠にはまるかたちで、事故の真実に迫れない報道が目立っている。歴史的にみると、科学専門記者が集まる科学部が、原子力ムラに近い存在としてあり、原子力問題を真に批判的な視点でとらえてこなかったことに一因があるだろう。

原発事故については、「個」としての強さをもつ専門記者による、能動的な調査報道が求められるところである。

第3章

懐疑論をどう「公平・中立」に報道するのか――地球温暖化問題

†パリ郊外で生まれた「歴史的合意」

フランス・パリ北東郊外のルブルジェ（Le-Bourget）にある見本市会場。一八ヘクタールの広大な敷地には仮設の建物群が姿をみせ、約二週間のあいだ、世界各国の代表が一堂に会し、地球温暖化対策を協議するための「テンポラリー・アンド・サステイナブル・シティ（仮設都市・持続可能な都市）」がつくられた。

地球温暖化対策という協議内容にふさわしい会場にしなければとホスト国、フランス政府は頭をひねった。そのアイデアが、循環型社会の基本となる3R（スリー・アール）を取りいれたサステイナブル・シティ（持続可能な都市）だった。3Rとは「リデュース」（ゴミの発生削減）、「リユース（再利用）」、「リサイクル（再資源化）」のことである。会期中、3Rに取り組んだ結果、四〇〇トンのゴミを削減し、九三％の使用済み製品を再利用し、ゴミの七〇％を再資源化に回すことができた、と組織委員会はホームページにしるしている。[26]

ルブルジェでの「国連気候変動枠組条約第二一回締約国会議」（COP21）には一九六の国・地域から二万五〇〇〇人以上が参加した。フランス政府が主催した過去最大の国際会議である。

二〇一五年一二月一二日夜。その一角の特設会議場には約二週間のタフな交渉をつづけてきた各国代表の閣僚らが集まり、壇上の議長席にすわるホスト国フランスのファビウス議長（仏外相）を注視していた。

「会場を見渡すかぎり、反応はポジティブです。反対はありません。パリ協定を採択します」。ファビウス議長はそう発言し、国連会議のシンボルである緑色のガベル（木槌）で卓上をたたいた。各国閣僚らは歓声をあげた。地球温暖化防止のための「パリ協定」が成立した瞬間である。

パリ協定の骨子は以下のとおりである（二〇一五年一二月一四日毎日新聞夕刊からの引用）。

① 産業革命前からの気温上昇を二度未満に抑える。一・五度未満になるよう努力する

② できるだけ早く世界の温室効果ガス排出量を頭打ちにし、今世紀後半に実質ゼロにする

③ 二〇二三年から五年ごとに世界全体の削減状況を検証する

④ 全ての国に削減目標の作成と提出、五年ごとの見直しを義務付ける

⑤ 温暖化被害軽減のための世界全体の目標を設定する

⑥ 先進国に途上国支援の資金拠出を義務付けるが、他国も自発的に拠出することを勧

める

⑦　先進国は現在の約束よりも多い額を途上国に拠出する（目標額は盛り込まず）

このうち、①②は「世界全体の削減目標」、③④は「各国の削減目標」、⑤は「世界全体の温暖化被害軽減目標」、⑥⑦は「途上国への資金支援」についての合意内容である。

二〇一五年一二月一二日夜に成立したこのパリ協定は「歴史的合意」だと評される。地球温暖化防止のための国際的な取り決めのなかで、先進国も途上国も関係なく、世界一九六の国と地域がそれぞれ温室効果ガスの削減に取り組むことを約束した合意が生まれたのは、歴史上、初めてのことだったからである。

しかも、①と②にしめされた削減目標は、目を疑うほどにチャレンジングである。産業革命前に比べると地球の平均気温はすでに一度上昇している。今世紀後半には温室効果ガスを実質ゼロにしなければいけない。

†テロ襲撃が後押ししたパリ協定

地球温暖化をめぐる国際交渉は、挫折や失敗つづきの歴史だといえる。

人類が産業活動などで排出する二酸化炭素などの影響で地球が温暖化している可能性を

科学者が警告を発したのは一九八〇年代だった。それをうけて、地球温暖化防止のための国際的な大枠を決めた国連気候変動枠組条約が成立したのが一九九二年、ブラジルのリオデジャネイロでひらかれた「地球サミット」（国連環境開発会議）のときだった。気候変動枠組条約のもとで具体的な削減の枠組みを協議する場として設立されたのが「COP」（国連気候変動枠組条約締約国会議）であった。

一九九七年一二月に京都で開催されたCOP3で、最初の具体策となった京都議定書が難産のすえに採択された。米国やEU、日本などの先進国が、二〇〇八〜二〇一二年にかけての温室効果ガス排出量を、一九九〇年比で五％以上削減することを法的に義務づけたものだった。中国やインドなどの途上国には削減目標も削減義務も課せられなかった。それまでの温室効果ガスの排出は、先に産業化し成長を遂げた先進国に主たる責任があるとの考えからだった。

世界最大の温室効果ガス排出国は、当時は米国だった。京都議定書の採択には、環境問題に熱心な民主党のクリントン—ゴア政権の積極姿勢があったが、米国内では共和党が優勢な米上院の反対にあい、京都議定書を批准できなかった。その後、共和党のブッシュ大統領が、米経済への打撃などを理由に京都議定書から離脱し、米国と中国という温室効果ガスの二大排出国が削減義務を負わないことになった。削減義務を負う先進国の排出量は全部を足しても世界の二八％（二〇〇五年時点）となり、効果の限定性や削減義務の不公平さが深刻な課題として議論されるようになった。

ポスト京都議定書の具体的な枠組みについては毎年年末にひらかれるCOPの会議で議論され、二〇〇九年末のデンマーク・コペンハーゲンでのCOP15に新しい合意への期待が高まった。しかしながら、先進国と途上国の議論は難航をきわめ、COP15は失敗におわった。

二〇一五年一二月にパリでひらかれたCOP21は瀬戸際の会議といわれた。京都議定書の期限が切れる二〇二〇年以降について取り決めをするには、その運用のための準備期間を考慮すると、COP21が最後のチャンスと考えられていた。

COP21では、温室効果ガスの二大排出国である中国と米国の積極的な姿勢が合意形成への大きな力となった。これまでは、EUが温室効果ガス削減に前向きな態度をしめすのにたいし、米国や中国が足を引っ張るような状況だった。米国と中国は、COP21を目前にした二〇一五年一一月一二日に首脳会談をおこない、二〇二〇年以降の温室効果削減目標について米中が合意したとする共同声明を発表していた。

もう一つ、重要な役割をはたしたと考えられたのが、COP21開幕の直前に発生したパリ同時多発テロ事件である。二〇一五年一一月一三日、パリ中心部のコンサートホールやカフェなどを過激派組織「イスラミック・ステート（IS）」が襲い、銃撃や自爆テロで約一三〇人の市民が死亡し、多数の負傷者がでた。フランス政府は国家非常事態を宣言し、窮地に立たされた。

COP21の参加国には、パリ同時多発テロで多数の市民が犠牲となり大打撃をうけた主催者であるフランス政府に恥をかかせてはいけないという思いと、テロに屈しないために世界各国が連帯する必要があるという雰囲気があった。英BBC放送は、COP21の開幕時に《COP21　テロ襲撃後パリ合意の見通し強まる》というニュース記事を配信し、パリ協定成立の見通しを予想していた。

過激派の同時多発テロと地球温暖化協議。パリは二一世紀の人類の課題を縮図にしたような街となった。

私は、新聞記者時代に、一九九二年の地球サミットの取材にたずさわった経験がある。地球温暖化や生物多様性といった地球環境問題の解決に向けて世界一七二の国・地域が参加し、そのうち一〇八の国・地域は首脳級が出席した。「環境保護と持続可能な開発、南北問題の解決など、冷戦後の世界秩序に必要な価値観と解決方法を示そうとした巨大会議」（竹内敬二『地球温暖化の政治学』七〇頁）であり、「規模では国連史上最大の会議」（竹内敬二、同上）であった。

そうした人類の歴史に残る重要な会議ではあったが、当時、世界経済は後退期にあり、日本のメディアではあまりニュースの扱いが大きくなかった印象がある。地球温暖化問題は、長期的には人類の生存を左右する重要な課題だと常々指摘されながら、結局は短期的な世界の経済状況や国内の政治情勢に左右され、その時々のホットな議題の背景に追いやられることが少なくなかった。その意味では、同時多発テロの発生がCOP21の存在感を高め、合意形成を後押ししたのは皮肉なことである。

二〇一三年～二〇一四年にかけて順次公表された「気候変動に関する政府間パネル」(IPCC)の第五次評価報告書[27]によると、二一世紀末(二〇八一年～二一〇〇年)における地球の平均気温は、二〇世紀後半(一九八六年～二〇〇五年の平均)と比べて〇・三度～四・八度上昇する可能性が高いと予想している。また平均海水面は〇・二六～〇・八二メートル上昇する可能性が高いと予想している。温暖化の要因として、人間活動により排出される二酸化炭素などの温室効果ガスの影響が支配的かどうかについては、「可能性がきわめて高い(九五%以上)」としている。この点は、前回のIPCC第四次報告書の「可能性が非常に高い(九〇%以上)」よりも、関係性がさらに強まったことを意味している。温暖化の要因が人間活動によるものかどうかは、後ほど触れる温暖化懐疑論との関係で重要になるポイントである。

†科学者の警告

二酸化炭素の増加により地球の平均気温が上昇している可能性については、科学者がさまざまのかたちで指摘し、その声に冷戦崩壊後の国際社会が耳を傾けるようになったという経緯がある。

大気中の二酸化炭素の濃度が増加しているという現象は、米国の科学者、チャールズ・キーリングが発見したものである。キーリングは一九五八年にハワイ・マウナロアで大気中の二酸化炭素の濃度測定を開始し、CO_2の大気濃度が季節ごとの増減を繰りかえしながらも、年ごとに増えていくことを見つけた。この曲線は「キーリング曲線」とよばれている。

一九七〇年代から八〇年代前後にかけての日本の新聞を調べると、当時は地球温暖化だけでなく、地球の寒冷化が到来すると予想する科学者の研究も紹介されている。たとえば次のような見出しの記事である。

《氷河情報センター設立「地球の寒冷化は本当か」 日本雪氷学会が資料集め目ざす》
(『朝日新聞』一九七三年六月一日朝刊)

《異常気象が多発、北半球で寒冷化進む――地理学会議でラム博士の論文紹介》（『日経新聞』一九八〇年九月三日朝刊）

科学者が一つのグループとして地球温暖化に警鐘をならしたのが、一九八五年のフィラハ会議だといわれる。竹内敬二は「八五年のフィラハ会議こそが、京都議定書に至る温暖化をめぐる国際的な政治プロセスの開始だった」（前掲書、五頁）としている。世界気象機関（ＷＭＯ）が主催してオーストリアのフィラハでひらいた気候変動に関する会議（フィラハ会議）には世界の気候学者が集まり、二酸化炭素をはじめとする温室効果ガスの増加が、二一世紀前半に人類がかつて経験したことがない地球の平均気温の上昇がおきるだろうとする結論を公表した。

フィラハ会議を契機として、地球温暖化について信頼できる科学的なアセスメントを実施していく重要性が認識された。一九八八年には、「人為的な気候変動」についての科学的側面を検討する政府間の組織としてＩＰＣＣ（気候変動に関する政府間パネル）が設立された。世界気象機関と国連環境計画（ＵＮＥＰ）が共同で設立したもので、正確には、ＩＰＣＣは「人為起源による気候変化、影響、適応及び緩和方策に関し、科学的、技術的、社会経済学的な見地から包括的な評価を行う」（気象庁ＨＰの説明）ための国際組織である。

一九九〇年にはIPCCがさっそく、第一次報告書を公表した。「人為起源の温室効果ガスがこのまま大気中に排出され続ければ、生態系や人類に重大な影響をおよぼす気候変化が生じるおそれがある」[28]とする警告は各国政府や市民のあいだで広く注目され、一九九二年に、地球温暖化防止の国際的な条約である「国連気候変動枠組条約」が採択される原動力となったといわれる。

ただし、IPCC第一次報告書は「IPCC（我々）の気候変化に関する知見は十分とはいえず、気候変化の時期、規模、地域パターンを中心としたその予測には多くの不確実性がある」と率直にしるしている。いわゆる「科学的な不確実性」が存在することを認めたのである。また、「温室効果が強められていることを観測により明確に検出することは、向こう一〇年間内外ではできそうもない」とも書いており、温室効果についての科学研究の難しさも指摘していた。

†氷河とシロクマ——地球温暖化を伝える難しさ

一九九〇年代の取材において、私は、温室効果ガス削減に向けた国際交渉の場をメインの記者として取材する経験はしていない。どちらかというと、温暖化研究をすすめる科学者や温暖化対策を提唱する国際環境NGO（グリーンピースなど）といったアクター（行為主体）の取材をしていた。

具体的には、北極圏のツンドラ（永久凍土）が溶けることに着目した《地球温暖化、悪循環　ツンドラ溶けCO_2大量放出》（『毎日新聞』一九九二年三月二九日朝刊一面）といった記事や、《異常気象の原因　地球温暖化が有力容疑者？》（『毎日新聞』一九九四年八月三一日夕刊七面）といったコラム記事を書いたりした。米国ワシントンDCの特派員のときは、ちょうど一九九七年一二月のCOP3が京都で開催される時期と重なり、COP3の成否をにぎる米国政府の動きをワシントンDCで取材して東京に原稿を送稿した。

地球温暖化問題は、現場主義や事実報道を鉄則として学んできた新聞社の記者にとっては、正直、かなり扱いづらい取材テーマであった。とりわけ、一九九〇年から二〇〇〇年ごろにかけては、地球温暖化の影響をうけた「目に見える」現場を見つけて現地取材をするのはきわめて困難なことだった。

たとえば、地球温暖化で溶けて後退するといわれる氷河である。地球温暖化についてテレビが報道するときに、以前は、氷河の末端の氷塊が勢いよく断崖から海に落ちて水しぶきを上げる映像がよく使われていた。テレビではどんなニュースでも映像が欠かせない。しかも動きがある映像が好まれる。氷塊がダイナミックに海面に落ちていく映像は動きがあり、オーディエンス（読者・視聴者）の印象に残る。おそらく、その映像を見た人には、温暖化で氷河が溶けているために、こうした氷塊の落下が起きているというイメージを想起させる。

しかし、氷塊の映像は本当に地球温暖化と関係があるのだろうか。氷河にしてもずっと同じところにあるわけではない。重力にしたがって標高の高いところから低いところに向かって移動するのである。ついには河口に到達し、氷塊となって海に落ちる。となると、氷塊が落ちていく映像は、地球温暖化とは関係がないということになる。

この氷塊の映像を「地球温暖化の誤情報」と指摘したのは、北極圏研究の第一人者である赤祖父俊一（アラスカ大学名誉教授）であった。彼の著書『正しく知る地球温暖化』によれば、「氷河の上流で降った雪の一部は夏の短期間、水として氷河の上を流れる」（一二五頁）のだが、氷河の上を水が流れていく様子を撮影し、温暖化の影響だと報道したメディアもあったという。さらに「報道記者は北極圏の知識に乏しいため、北極圏で日常起きている現象が異常現象であり、それを温暖化現象と勘違いして報道し、一般市民はそれを信じ、情報の混乱が起きている」（一二三頁）と指摘している。この本は二〇〇八年の出版で、メディアが「誤情報」を流す頻度は、その後減ったように思える。しかしながら、地球温暖化そのものが大きすぎてとらえどころがないという問題の特質は変わっていない。そのことを考えると、今後も、新たな「誤情報」が、地球温暖化を象徴するアイコン的存在として登場してくる可能性はなくなってはいない。

†『不都合な真実』が指摘をうけた「科学的な誤り」

氷河の次は「危機に直面するシロクマ」の映像である。

北極海に生息するシロクマは、海氷から海氷へと移動する。地球温暖化の影響で北極周辺の海氷が減少すると、これまでより長く海を泳ぐ必要がでてくる。ゴア元米副大統領が制作したドキュメンタリー映画『不都合な真実』では、科学研究誌の情報をもとに、長距離を泳ぐことになったシロクマ四頭がおぼれ死んだという話が紹介されている。このエピソードが適切かどうか、二〇〇七年に英国の司法の場で議論になった。英国高裁のバートン判事は、「私が発見できた唯一の科学研究は、四頭の白クマが強風と高波の嵐の海で死んだという事実だけである」と述べ、『不都合な真実』におけるシロクマの描写を「不正確」だと判断したのである。バートン判事が当時、指摘したのはシロクマのケースだけではない。『不都合な真実』には、以下の九つの不正確な点があると判断した。不正確として取り上げられたのは、①近い将来の最大七メートルの海面上昇、②人が住んでいる太平洋の環礁島（Pacific Atoll）の水没、③海洋循環（Ocean Conveyor）の停止、④二酸化炭素の濃度上昇と温度上昇のグラフの一致、⑤キリマンジャロの雪の消失、⑥チャド湖の枯渇、

⑦ハリケーン・カトリーナ、⑧シロクマの死、⑨珊瑚の白化現象――という点である。

なぜ、『不都合な真実』が議論になったかというと、英政府がこのドキュメンタリー映画を教育用にイギリスの中学校に配付したからである。配付に対し、中学生の父親で学校理事をつとめる男性が教育上の観点から異議を唱え、裁判所に使用中止を求めて提訴した。訴えにたいし、バートン判事は、『不都合な真実』は「科学研究と科学的な見解に十分に基づいて」製作されているとしながらも、九つの不正確な点を明記した補足説明を付けるという条件で、同映画の中学校での上映利用を認める裁定[29]をだしたのである。

バートン判事の裁定は反響をよんだ。温暖化懐疑論の広報を強力に推し進める米国のシンクタンク「科学・公共政策研究所（SPPI）」は、「三五の不都合な真実―アル・ゴア映画の誤り」[30]と題する報告書を公表し、『不都合な真実』の間違いは九カ所ではなく三五カ所もあるんだというメッセージを流し、映画の信用性失墜につとめた。

†誤りを指摘した英判事の裁定にも問題

ところが、バートン判事の九つの指摘自体の正確さにも疑義が生じている。

二〇〇七年の裁定後に、英科学誌ニューサイエンティスト誌のブログ上で、オンライン環境リポーターのキャサリン・ブラヒックが「アル・ゴアの不都合な真実　非科学的か？」[31]という刺激的なタイトルで書いたものである。記事は、バートン判事の九つの指摘を一つ一つ検証していき、むしろ『不都合な真実』の表現の方に根拠があり適切である面も少なくないことをしめしている。先にあげたシロクマの死（⑧）については、二〇〇四年九月に起きた四頭のシロクマの死を科学論文で取り上げた著者たちに触れ、当の著者たちは、シロクマ死亡の原因が長距離を泳いだことによる疲労ではないかと推察していると指摘した。著者たちは、背景には、海氷が溶けて小さくなっていることが考えられ、今後、そのような不測の死が増える可能性を示唆している。これはバートン判事の解釈よりも、『不都合な真実』のなかの描写に近い。こうなると、ゴアの映画に九つの誤りがあるという裁定自体が不正確だという話になってくる。

以上は一つの事例ではあるが、ことほどさように、地球温暖化をめぐる現場、あるいは事実というのは何がおきているのか、何が真実なのかを見極めることが難しい。メディアで伝えていくときには、事実関係や根拠の有無に十分すぎるほどの目配りが必要になる。そうした作業をおろそかにすると、たちまち、不正確と受けとめられる表現に堕してしまうおそれがある。

†地球温暖化問題とそのメディア報道の特徴

企業の廃液などが原因で地域住民に深刻な健康影響がでる公害問題と比較すると、地球温暖化問題の特徴として次の五点をあげることができるだろう。

・問題の舞台がグローバルである
・どこが現場で誰が被害者かがわかりにくい
・各要因が複雑に関係している
・誰が加害者かがわかりにくい
・科学的な不確実性の問題がある

地球温暖化がおきている現場を探していて、「氷河が溶けている」「北極のシロクマが死んでいる」という場所にたどり着いたとしよう。その現場をみただけでは、その事実が温暖化の影響によるものなのか、それとも別の要因によるものなのか、即断はできない。複数の見方が考えられるはずである。答えを絞っていくには、事実関係をさらに調べる必要がある。調査の結果、仮に、温暖化が原因だったとわかったとしよう。今度は、その温暖化が人為活動によっておきたものなのか、それとも自然変動によっておきたものなのか、という問いが生まれる。その答えは、当の現場を調べるだけではわからない。地球温暖化はマクロレベルのメカニズムにもとづく事象であり、ローカルな地域での調査は、直接の答えをだしてはくれないのである。

それでは、地球温暖化問題をメディアが報道する際には、どのような特徴があるのだろうか。三上俊治は『環境メディア論』(二〇〇一年)のなかで、ジャーナリズム特性による「地球環境報道の歪み」を次の八項目に整理している(【 】内は瀬川のまとめ)。

① 締め切りや紙面・放送時間の制約で、ニュースが短くなったり、一方に偏ったりする=**【報道にたいする物理的制約】**

② テレビは「いい絵になる映像」が要求されることが多い=**【ビジュアル】**

③ 単純明快で簡潔な説明が求められるため、地球温暖化のメカニズムなど複雑で不確実な部分はカットされ、分かりやすい部分だけが強調される=**【単純明快さ】**

④ イベント志向的な報道傾向があり、地球サミット(一九九二)や京都会議(一九九七)などのイベントをピークに報道量が増減している=**【イベント志向】**

⑤ 「地球破滅」などネガティブな出来事や影響予測が過剰に報道される傾向がある=**【センセーショナリズム】**

⑥ 一般ジャーナリストの知識不足のため地球温暖化を正しく理解できず、誤報や偏向

報道を生む原因になりやすい＝【専門知識の不足】

⑦特定の科学者、専門家、研究機関、組織が情報源として偏重される傾向がある＝【特定情報源の偏重】

⑧「新奇性」や「異常性」を求めるという「ニュース価値」判断の特異性＝【ニュース価値判断の特異性】

以上の八項目は、まさに地球環境問題の報道の歪みにあてはまるものである。②ビジュアル、③単純明快さ、⑥（ジャーナリストの）専門知識の不足――は、先ほど取り上げた「溶ける氷河」や「危機に直面するシロクマ」の話とつながっている。とらえにくい地球温暖化の現場のなかで、求められるのは、ビジュアルとして「いい絵」になる映像である。「いい絵」が撮影できたからといって、専門知識が欠けたまま、わかりやすく明快に、温暖化と直結するかたちで報道しようとするメディアの姿勢は、報道内容に「歪み」を生み出す危険性がある。

ただし、八項目は、地球環境報道にだけみられる歪みというよりは、その日その日の話題を可能なかぎり早くかつ興味深いかたちで一般のオーディエンスに発信しようとする今日のメディア報道全般につうじる歪みといえるのではないか。

図3－1　朝日、日経、毎日、読売4紙における温暖化関連報道の推移

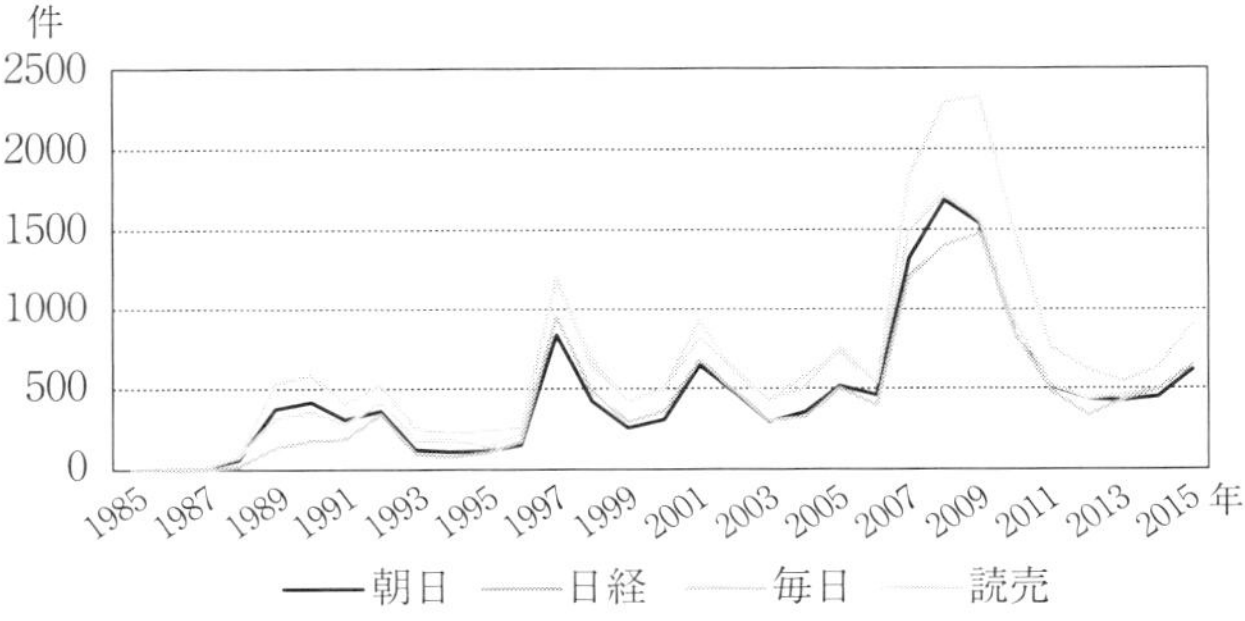

注：「温暖化」または「気候変動」または「温室効果」というキーワードが見出しあるいは本文中にある記事を抽出。各紙とも東京本社全国版を使用

†メディアのイベント主義

ここで、八項目のうち④のイベント志向について考えてみる。

図3－1は、朝日、日経、毎日、読売四紙の地球温暖化関連記事の経年変化を示したものである。四紙ともによく似た増減傾向を示していることがわかる。具体的には一九九〇〜九二年、一九九七年、二〇〇一年、二〇〇五年、二〇〇七〜〇九年、さらには二〇一五年あたりに記事数のピークがある。

地球温暖化問題をめぐる経緯の歴史をひもとくと、ピークとなっている年には、一九九〇年＝IPCCの第一次報告書、一九九二年＝地球サミット開催、一九九七年＝京都議定書の成立（COP3）、二〇〇一年＝アメリ

カの京都議定書離脱、二〇〇五年＝京都議定書の発効、二〇〇八年＝洞爺湖サミット、二〇〇九年＝コペンハーゲンでのCOP15、二〇一五年＝パリ協定の成立（COP21）といったイベントがあることがわかる。地球温暖化は五〇年後、一〇〇年後の世界が関係する長期的な課題であり、メディア報道も持続性が求められるはずである。しかし実際には、温暖化報道はイベント中心、とりわけ温暖化対策をめぐる国際交渉のイベントを中心に構成され、イベントの有無が報道量の増減をひきおこしている。このように、メディアのイベント主義は、望ましいかたちの地球温暖化報道から実際の報道を遠ざけていく要因となっている。

†「バランス報道」という「偏向報道」

メディア報道のイベント主義などとは別に、ジャーナリズムの実践において遵守すべきと考えられてきた規範的な報道スタイルが、地球温暖化報道に歪みをあたえる可能性も指摘されている。「公平・中立報道」「客観報道」といった基準である。意外に思われる人が多いかもしれない。

「公平・中立報道」がかかえる問題を考える重要な手がかりとして、米国のM・ボイコフらが二〇〇四年に発表した「バランス・アズ・バイアス」[32]という論文（以下ボイコフ論文）の概要を紹介してみよう。

ボイコフ論文では、広く受けいれられたジャーナリズムの規範（journalistic norm）として客観性（objectibity）、公正性（fairness）[33]、正確性（accuracy）、バランス（balance）の四つがあると指摘している。そして、四つの規範のうち、とくに「バランス」に注目して、地球温暖化報道との関係を調べている。

「バランス報道」という言葉は日本ではそれほど多くは使われない。日本の議論においてなじみのある「公平・中立」報道との違いはあるのだろうか。ボイコフ論文は、「フレーミング理論」でしられるエントマンの言葉を引用し、「バランスは中立性を目的としている。両陣営が対立する重要な議論においては、記者は、両陣営の正統なスポークスパーソンの見解を、ほぼ平等な扱いで提示しなければいけない」と書いている。そこでは、バランス報道とは、意見が異なるグループの発言を、中立かつ平等（公平）に取りあげることを意味する。たとえば、両論併記という報道方法は、「公平・中立」な報道であり、かつ、「バランス」のとれた報道である。以上の考察から、本書では「公平・中立報道」と「バランス報道」をほぼ同義として取りあつかっていくことにする。

ボイコフ論文の問題意識は次のようなものだった。

〈米国の主要メディアは、地球温暖化問題をめぐる科学的言説とは異なる市民の言説をつくり出す役目を果たしているのではないか。世界の専門科学者が参加しているIPCC（気候変動に関する政府間パネル）は、温暖化は人為起源によるものであるとの見解をだしている。IPCCの見解には科学者コミュニティが同意しており、これが温暖化をめぐる科学的言説となっている。一方、地球温暖化について懐疑論を唱える小グループの見解がある。米国のメディアは「バランス報道」の規範にしたがってIPCCの見解と懐疑論グループの見解を報道しているが、それははたして「バランスのとれた」報道といえるのか？〉

地球温暖化には、二つの科学的な論点がある。一つは、そもそも地球は温暖化しているのか、である。もう一つは、地球が温暖化している場合、その温暖化の原因は人間活動が排出している二酸化炭素などの温室効果ガスの増加が影響しているのか、それとも、自然変動によるものなのか、である。

地球はこれまでの歴史のなかで、氷河期や温暖期を繰り返してきているので、二つともに当然の論点である。地球温暖化にたいする懐疑論という場合、とくに注目されるのは、二つめの「温暖化は人間活動の影響か、それとも自然変動か」という点である。人間の諸活動が温室効果ガスを排出した結果、温暖化がおきているとする考えは、「人為起源による地球温暖化」（Anthropogenic Global Warming＝ＡＧＷ）とよばれる。このＡＧＷの考え方を否定するのが地球温暖化懐疑論である。懐疑論の人々の根拠としては、現在の温暖化は自然変動で説明できるのではないかという「自然変動」説がある。もう一つ、温暖化の研究ではまだ不定な部分が多いとする「科学的不確実性」の考えがある。

ボイコフ論文は、米国の主要メディアが、「人為起源による温暖化」についての肯定意見と否定意見をどのように扱ってきたのかを報道分析した。

†米国では半数から四分の三がバランス報道

研究の内容をみていこう。

米国の主要なメディアとして、ニューヨーク・タイムズ、ワシントン・ポスト、ロサンゼルス・タイムズ、ウォール・ストリート・ジャーナルの四紙を選び、地球温暖化の報道が本格化した一九八八年から二〇〇二年までの記事データベースのなかから、「Global Warming」（地球温暖化）という検索用語で関係する記事を抽出した。社説やコラムなどをのぞきニュース記事だけに絞ると計三五四三件の記事が選ばれた。ボイコフらはランダムにサンプルを抽出し、六三六件の記事を得た。

図3－2　米主要メディアにおける温暖化人為起源説の報道の仕方（1988－2002年）

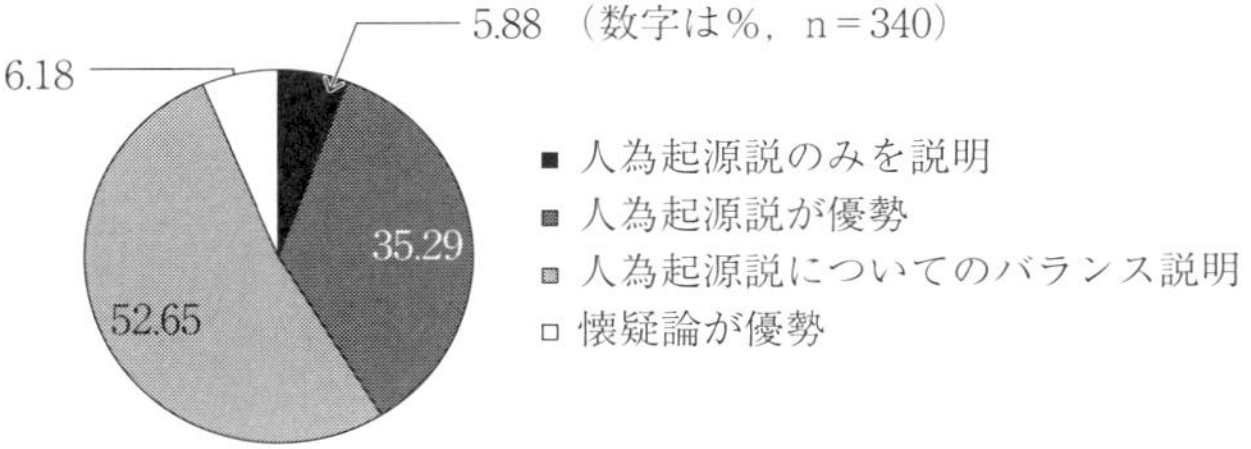

注：ボイコフ論文のデータをもとに作成

報道分析の手法は、量的な内容分析と呼ばれるものである。

まず、「地球温暖化に人為起源がどれだけ寄与しているのか」という議論に関して、新聞記事がどのように報じているのかについて調べている。記事分類のコードとして「人為起源説のみを説明」「人為起源説が優勢」「人為起源説についてのバランス説明」「懐疑論が優勢」の四つをつくり、それぞれの記事が四つのコードのどれに当てはまるかを分類していった。その結果をしめしたのが図3-2のグラフである。

もっとも多かったのは「人為起源説についてのバランス説明（以下、バランス記事）」（五二・六五％）だった。次いで、「人為起源説が優勢」（三五・二九％）がつづき、「懐疑論が優勢」（六・一八％）と「人為起源説のみを説明」（五・八八％）は少なかった。

人為起源をめぐる議論というのは、地球温暖化は

「人為起源による」という主張と、いや「自然変動による」という主張のあいだの議論であり、バランス記事は、両者の主張をほぼ平等にあつかっていることを意味する。米国の地球温暖化報道（一九八八年〜二〇〇二年）においては「バランス記事」が半数を超え、「人為起源説が優勢」な記事よりも多い。後述するように、もっぱら温暖化の人為起源説が登場し、懐疑論が「不在」とされてきた日本の報道からは想像できないことである。

転じて、科学者コミュニティの議論はどうなっているのか。ボイコフ論文は、科学者コミュニティの議論を、ＩＰＣＣの報告書や発見をもとに分析し、「人為起源説が優勢」という記事の書き方が、科学者コミュニティの考え方をそのまま反映していると位置づけた。

この分析からみえてくるのは、米国の主要メディアでは「バランス報道」が主流であり、科学者コミュニティのコンセンサスとなっている「地球温暖化は人為起源による」という見解を反映していないということである。ボイコフ論文は、米主要メディアの報道は科学者コミュニティの考え方から乖離して「偏向（バイアス）」していると指摘。その偏向の要因として、賛否をほぼ公平にあつかう「バランス報道」の規範をあげている。

以上は、ボイコフ論文における「地球温暖化の要因」についての報道分析の結果である。同論文はつづいて「温暖化対策のアクション」にかんしても報道分析を試みている。「温暖化対策のアクション」について、「早急なアクション／義務的なアクション」（以下、積極アクション）と「慎重なアクション／自発的なアクション」（以下、消極アクション）、さらに「両者のバランス報道」という三つのコードをつくり、記事を分類している。結果は、バランス報道が七八・二〇％と四分の三以上を占め、「温暖化の原因」に関するバランス報道の割合をも上回った。「積極アクション」と「消極アクション」は一〇〜一一％でほぼ同じだった。

温暖化対策については、科学者コミュニティは、「ただちに取り組むべき」と指摘しており、その見解は「積極アクション」とほぼ同じである。となると、温暖化対策についても、米国の主要メディアは、科学者コミュニティの見解とはかけ離れて、バランス報道に終始していたことになる。

ボイコフ論文では、「温暖化の原因」と「温暖化対策」の報道について、それぞれ年別に分析している。年別にみると、バランス報道の割合は必ずしも一定ではなく、むしろ大きなヤマとタニのある増減の曲線が描かれる。論文では、政治的な動きや石油業界がスポンサーとなった温暖化懐疑論のキャンペーンなどが影響しているのではないかと指摘している。

†温暖化懐疑論をめぐる「公平・中立報道」とは

バランス報道の問題は、温暖化報道にとどまらず、メディア報道全般に適用できる可能性がある。ここでは、地球温暖化とバランス報道をめぐる問題構造をより多角的に整理してみたい。

「バランス・アズ・バイアス」においては、メディア報道と科学者コミュニティを対比して論をすすめている。それでは、オーディエンス（視聴者・読者）である市民は地球温暖化問題をどう受けとめているのだろうか。

米ギャラップ社は、毎年、環境問題に関する世論調査[34]を実施し、そのなかで、地球温暖化問題について複数の質問をしている。

「人為起源による地球温暖化」の議論については、次のような質問を投げかけている。

「自分自身が聞いたり読んだりしたことからして、あなたは、二〇世紀の温度上昇が、どちらかというと、人間活動による汚染の影響のせいだと思いますか、それとも人間の活動とは関係のない、環境中の自然変動のせいだと思いますか」

図3-3　温暖化の原因についての米国市民世論調査（米ギャラップ社）

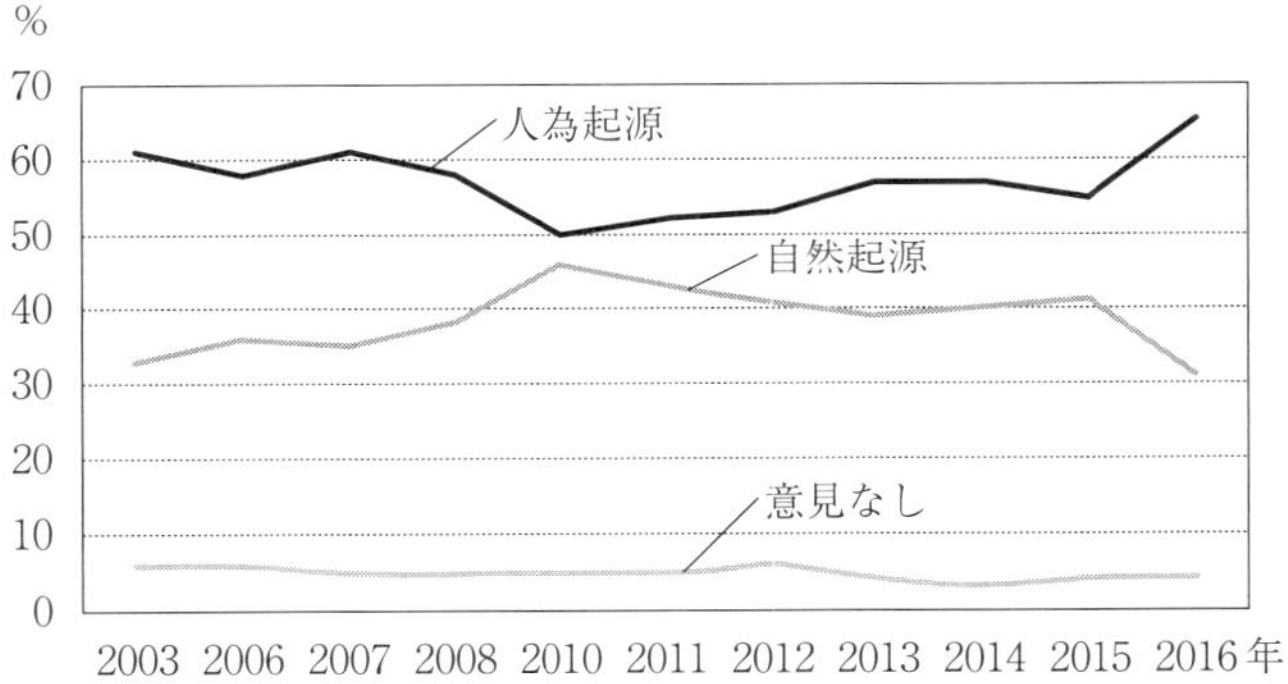

温暖化は人間活動によるものか、それとも自然変動によるものか、という問いである。二〇〇三年から二〇一六年のあいだに計一一年のデータが集まっている（図3-3）。それによると、人為起源だと答えた市民は五〇〜六五％、逆に自然変動だと答えた人は三一〜四六％になっている。計一一年分の年データを単純に平均してみると、人為起源という答えは五七％、自然変動という答えは三八％になる。

　科学者コミュニティの考え方は、人為起源説をとるIPCCに代表されるとみなしてよいのだろうか。科学コミュニティのなかの意見分布については、これまで複数の調査研究がすすめられてきた。ジンマーマンらは、二〇〇七年の研究者データベースをもとに地球科学者一万二五七人にアンケートを実施、三一四六人から回答を得た[35]。それによると、地球温暖化は人為起源だと答えた研究者は八二％であった。とくに気候変動（地球温暖化）を専門とする研究者に絞ってみると、人為起源と答えた人は九七％という高い数字になった。

クックらは、一九九一年から二〇一一年に査読誌に掲載された気候変動についての研究論文の抄録を調べ、それぞれの論文の筆者にも自己評価を依頼した[36]。自己評価の結果をまとめると、温暖化の原因について人為起源を表明した論文が六二・七％、人為起源を疑問視する論文が一・八％、立場を表明していない研究が三五・五％あった。立場を表明していない論文を仮に除いて計算すると、地球温暖化の人為起源を支持する論文が九七・二％と圧倒的に多かった。こうした調査から、気候変動を専門とする科学コミュニティでは、IPCCの報告書と同様に、人為起源説が大多数を占めていることが裏づけられている。

先に取りあげたボイコフ論文では、二〇〇二年までの米国の主要メディアは、温暖化の原因について、人為起源説と自然変動説をほぼ等しく取り扱うバランス報道が主流であり、半数以上を占めていた。市民、科学者、メディア報道という三つのデータから何がみえてくるだろうか。残念ながら、ギャラップ社の世論調査は二〇〇三年〜二〇一六年が対象年であり、二〇〇二年までのメディア報道とはかみあわない。ただし、温暖化人為説と懐疑

表3－1　温暖化の原因についての各集団の意見分布

	人為起源	自然変動	意見なし
科学コミュニティ（地球科学者）※1	82	－	－
科学コミュニティ（気候変動研究者）※1	97	－	－
科学コミュニティ（気候変動論文）※2	62.7	1.8	35.5
市民（2003-2016年の調査の平均）※3	57	38	5

※1　ジンマーマンらの調査　（数字は％）
※2　クックらの調査
※3　米ギャラップ社の調査

論の割合は、年を追っての緩やかな増減がみられるものの、二〇〇三年と二〇一六年のデータのあいだに格段の差があるわけではない。ここでは実施時期を意識的に無視する（同じ時期におこなわれたと仮定する）かたちで、市民、科学者、メディア報道という三つのデータを使って仮想の比較を試みたい（市民、科学者の意見分布は表3－1を参照のこと）。

まず考察できるのは、メディア報道がはたす役割についてである。

科学コミュニティの大多数が地球温暖化の人為起源を支持しているにもかかわらず、主要メディアではバランス報道が主流となっていた。そして米国市民は五〇％台の人が人為起源だと考え、三〇％台の人が自然変動だと考えている。各アクターの数字を比べてみると、主要メディアの報道姿勢が市民の意見形成の背景にあることが推察できる。この点は、温暖化の「バランス報道」が現実には「偏向報道」になっているとボイコフ論文が指摘したことと重なる。

次に、バランス報道が報道の規範になるとして、それでは、どういう報道が「よいバランス」なのかを考えてみよう。バランス報道の基本は、相対立する両サイドの意見を記事・放送でほぼ公平に取り扱うことと考えられる。これは均等さを重視した「均等度」にもとづくバランス報道といえる。しかし、意見分布の割合に応じて、記事・放送における掲載割合を決める、「比例度」にもとづくバランス報道もあり得る（均等度と比例度については第5章で触れる）。

米国の主要メディアでいちばん多かったのは、温暖化の人為起源説と懐疑論をほぼ等しくあつかうバランス報道であり、五〇％を超えていた。

人為起源を支持する科学コミュニティは、このバランス報道を「バランスが悪い」報道だと受けとめるだろう。偏向報道ということである。しかし、科学コミュニティのなかでも、自然変動を支持する少数グループは、自分たちの主張が実際以上に大きく取り上げられるバランス報道を「よいバランス」だと評価するだろう。

米国の市民にとってはどうだろうか。

まず、メディアがバランス報道をしていることを市民はどう考えるか。受けとめ方は、その人の温暖化にたいする考え方によって異なるはずである。温暖化の人為起源説を是とする市民は、メディアのバランス報道は「よくないバランス」だと否定的に評価するだろう。片や、温暖化は自然変動だと考える市民は、メディアのバランス報道は「よいバランス」だと好意的に評価するとおもわれる。

米国市民の意見分布を念頭におくと、一つの解釈として、メディアのバランス報道は、市民のなかの人為起源説と自然変動説（あるいは人為起源説にたいする懐疑論）の割合をある程度反映しているとみることができる。先にみた世論調査によれば、人為起源だと考える米国市民が五〇％以上、自然変動だと考える米国市民が三〇％以上いるからである。市民の声を反映した報道が「よいバランス」だとすれば、人為起源説と自然変動説（あるいは人為起源懐疑論）をほぼ等しく取りあげるバランス報道は、まさに「よいバランス」の報道ということになる。

だが、米国市民の意見分布は、主要メディアの報道の仕方が影響をあたえた結果だと考えると、バランス報道の評価は逆転する。

理由はこうである。科学コミュニティの多数意見が温暖化人為起源説であるのに、それを無視するかたちで、主要メディアが人為起源説と自然変動説（あるいは懐疑論）を両論併記のかたちで報道してきた。報道の影響をうけて市民の三〇％以上が温暖化は自然変動によると考えるようになった。主要メディアはなぜ両論併記をしたのか。その理由が、ボイコフらが指摘するバランス報道というジャーナリズムの規範である。ここで問題になるのは、主要メディアが、科学コミュニティの意見分布よりも、バランス報道の規範を重視したことである。

まさにこの点が、バランス報道が内包する問題点だとボイコフ論文は指摘したのである。

以上、地球温暖化をめぐる米国の報道を素材に、バランス報道について考察をすすめてきた。わかったのは、バランス報道が仮にジャーナリズムの規範だとしても、誰もが「よいバランスだ」と認めるような「絶対的なバランス報道」は存在しないことである。つまり、バランス報道という場合、その報道が誰のためのバランスなのかを常に意識する必要がある。「どのアクターにとっての」という視点が不可欠のものになってくる。ここでは、メディア以外のアクターとして市民と科学コミュニティを取りあげたが、政府や企業など他のアクターの存在を考慮すると、そのアクターの視点ごとに「よいバランス」のかたちはさらに異なるものになるだろう。

誰もが認める「よいバランス」がないことは、バランス報道の存在意義そのものを揺るがすことになる。この点は再度、第5章で検討することにする。

†IPCCに依拠する日本の新聞

では、日本のメディアにおいて、温暖化の原因にかんして「人為起源」対「懐疑論」というバランス報道はあったのだろうか。ボイコフ論文と同じ枠組みと分析方法を用いた日本メディアの報道研究はみあたらない。ここでは、日本の新聞報道のなかで温暖化懐疑論がどのように扱われてきたのかについて、いくつかのデータをしめしながら考察していきたい。

日本の新聞報道がIPCCに依拠する度合いが高いことを明らかにしたのは、朝山慎一郎らの「地球温暖化の科学とマスメディア——新聞報道によるIPCC像の構築とその社会的合意」[37]という論文である。

朝山らは、日本の新聞報道が描き出すIPCCのイメージを分析した。IPCCのイメージを、〈全員科学者〉、〈政治的組織〉、〈科学的裏付け〉、〈不確かな科学〉、〈政治と科学の分離〉、〈警告者〉という六つのフレームに類型化し、一九八八年から二〇〇七年までの朝日、毎日、読売の三紙の記事の内容を六つのフレームに分ける作業をおこなった。その結果、地球温暖化防止のための京都議定書が成立した後の一九九八年以降は〈科学的裏付け〉、〈政治と科学の分離〉、〈警告者〉という三つのフレームの顕出度が高まっていた。〈不確かな科学〉のフレームは全期間をとおしてかなり少なかった。

研究結果をもとに朝山は「米国メディアで顕著だった温暖化懐疑論や科学論争も日本メディアではほとんど観察されなかった」と指摘している。日本メディアにおける温暖化懐疑論の「不在」については、次の見方をしめしている。

国連の下で設立された〝公式〟の国際組織であるIPCCと比較して、少数の懐疑論者は〝非公式〟の存在に過ぎず、それゆえに公式発表といった「公式の事実」に極端に依拠する日本のメディアの習性によって温暖化懐疑論は埋設されてきたといえる。[38]

日本のメディアは「公的な組織」の「公式発表」に極端に依存しがちであり、そのことがIPCCへの絶対的な依拠というかたちであらわれ、「非公式」の懐疑論を排除してしまうという朝山の分析は興味深い。「公的な組織」による「公式発表」という点でいえば、本書第2章の「福島第一原発事故」で考察した「大本営発表報道」と共通する日本メディアの特徴ということができるだろう。

†日本の新聞は懐疑論をどう扱ったか

ただ、気になるのは朝山の分析対象が二〇〇七年までと、やや古くなってしまったことである。温暖化報道は二〇〇七年から二〇〇九年にかけて大きなヤマがあったことが知られている。そこで新聞記事データベースを利用し、温暖化懐疑論に関係する記事を抽出し

図3－4　日本の新聞における温暖化懐疑論に言及した記事数推移

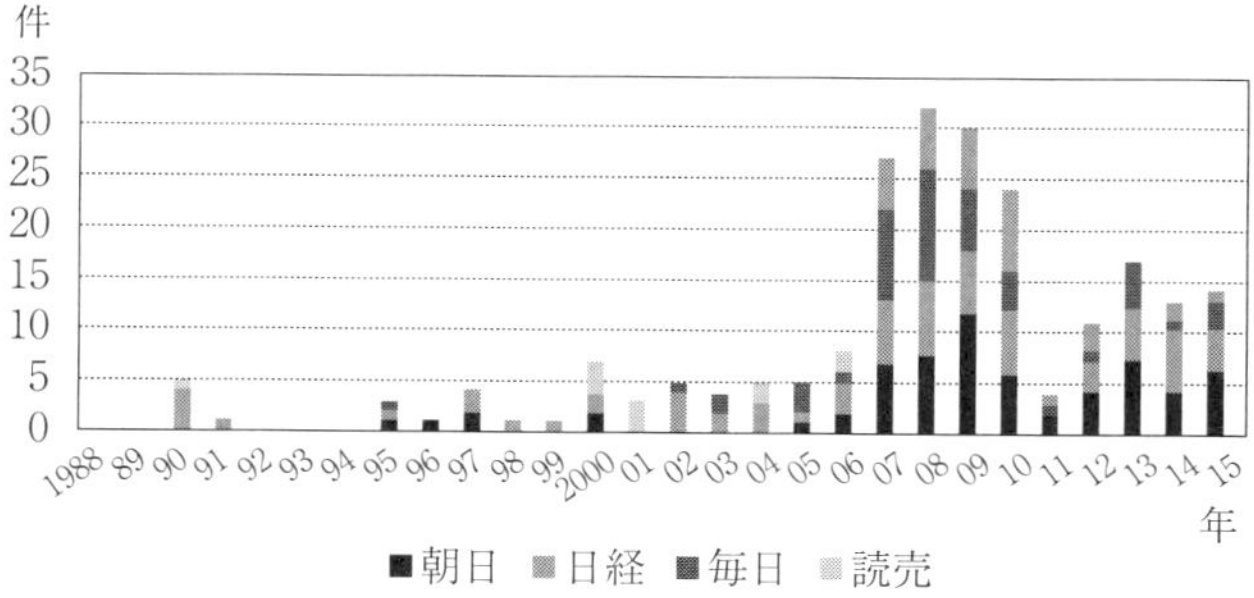

てみることにした（一九八八年―二〇一五年）。「温暖化」と「懐疑」という二つの単語が、見出しあるいは本文に含まれる記事を抜き出し、そこから、温暖化懐疑論とは無関係の記事を除外した。朝日、日経、毎日、読売の四紙（いずれも東京本社全国版）で試みた。結果は図3‐4のようになった。

一見してわかるのは、懐疑論記事（懐疑論に言及がある記事）数の経年変化である。一九八八年から一九九九年にかけては四紙で計一六件しかない。二〇〇〇年代になるとやや増えてくる。とりわけ、二〇〇七年から二〇一〇年にかけては懐疑論記事が年二〇件を超え、一つのヤマをつくっていた。

この結果をもって、日本のメディアでも温暖化懐疑論が報道されていた、といえるかどうかは難しいところである。温暖化の記事のなかで懐疑論に言及した記事はどのくらいの割合を占めるのだろうか。

懐疑論に言及した記事数がもっとも多かった二〇〇八年を例にラフな計算をしてみよう。

二〇〇八年の懐疑論言及記事数は計三二件である。同じ年の温暖化の記事数をだしてみる。温暖化という単語が記事本文に入っていても記事自体が温暖化を取り扱っていない記事も少なくない。温暖化をテーマとする記事数をもっとも厳しく見積もるには、温暖化という言葉が見出しに登場する記事数を算出すればよい。各紙で二〇〇八年の見出し検索をしたところ、朝日二四三件、日経五四九件、毎日二四三件という数字が得られた。読売には見出し検索の機能がないため、仮に朝日や毎日と同じ二四三件と仮定して計算する。合計すると、二〇〇八年における四紙の温暖化記事は計一二七八件となる。

二〇〇八年には温暖化記事が一二七八件あり、そのうち懐疑論言及記事は三二件ということである。懐疑論言及記事数の割合は二・五五％と算出された。約三％である。一九八八年から一九九九年にかけては温暖化言及記事がゼロ件の年が五年、わずか一件という年が四年ある。日本においては、〇％から三％のあいだで推移していると仮定してよいであろう。

次に米国における懐疑論言及記事の割合をだしてみよう。こちらもラフな計算になるが、ボイコフ論文の分類によれば、懐疑論は「バランス記事」（五二・六五％）と「おもに懐疑論を強調する記事」（六・一八％）において言及されているはずである。米主要メディアにける懐疑論言及記事は全体の約五九％（年平均）になるだろう。

日本の〇～三％（各年の推定）と米国の約五九％（年平均）。厳密な比較とはいえないが、この二つの数字からは、日本メディアの温暖化報道において懐疑論が取りあげられる頻度は、米国メディアより格段に小さいということが示唆されている。

もっとも、『地球温暖化懐疑論批判』（二〇〇九年）の主要な著者である明日香壽川によれば、「米国ほどではないにしても、日本でも『報道におけるバランス』『少数意見の尊重』などを理由に、しばしば温暖化懐疑論者の意見が新聞などに掲載される」という。それにたいして欧州のメディアでは、「懐疑的な議論が取り上げられる機会は極端に少ない」のだそうである。つまり、日米欧の三極でみると、メディア報道が温暖化懐疑論を取りあげる機会は、米国が一番多く、かなり離れて日本が二番手、欧州は日本よりさらに少ない三番手ということのようである。

いずれにしても、二〇〇〇年以降で懐疑論への言及が多くなった時期に、日本のメディアが温暖化懐疑論をどのようにあつかったのか、より詳細に分析してみたいとおもう。

当時の新聞報道を確かめてみると、たしかに懐疑論を大きく扱った記事も掲載されている。

ユニークなのは、毎日新聞の紙面で展開された温暖化論争である。二〇〇五年に《人為的温暖化論は真偽不明》という見出しの「記者の目」の記事を掲載している。これをきっかけに、《「温暖化懐疑論」に反論》と題する反論記事、そして《「温暖化」懐疑への反論に対する再反論》という再反論記事が「記者の目」欄にたてつづけに掲載された。日本のメディアで懐疑論に言及する記事が目立って増えるのは二〇〇七年以降なので、「記者の目」での論争が展開された二〇〇五年は、まだ懐疑論が「不在」のころである。そうした、ある意味静かな時期に、まさに「懐疑論」と「人為起源説」をめぐって記者同士が議論をしあう場がうまれ、論点や論争の意味がなまなましく伝わってきたのは、よい試みだったとおもう。この記者間の温暖化論争については、後ほど「環境省対経産省」という対立構図との関係で、再度みていくことにしたい。

朝日、毎日、読売の各紙は、二〇〇八年から二〇〇九年にかけて、それぞれ懐疑論にかかわる連載企画を掲載している。

早かったのは毎日新聞で、「暖かな破局：温暖化懐疑論に答える」という上下二回の企画記事を二〇〇八年二月の科学面に掲載した。つづいて読売新聞が二〇〇九年二月〜三月に、「温暖化異聞」という企画を計三回連載した。朝日新聞は二〇〇九年七月に、「温暖化バトル　懐疑論は本当か」というタイトルの五回シリーズの企画記事を連載した。

懐疑論をテーマとする、こうした連載記事はボイコフらがしめした記事分類のどこにはいるだろうか。事例として、読売新聞と朝日新聞の連載の内容を分析してみる。

読売新聞の連載「温暖化異聞」の一回目の見出しは《懐疑派と議論　本格化》である。記事の冒頭、二〇〇八年の洞爺湖サミットの前に、温暖化懐疑論の本が相次いで出版され、売れ行きがよかったことを取りあげ、人々が懐疑論になぜ関心をもつのか、理由をさぐっている。つづいて「地球寒冷化」を主張する「懐疑派」の研究者が登場し、その議論を受けるかたちで今度は人為起源説を是とする「ＩＰＣＣ派」の研究者が登場する、という流れになっている。

二回目は《未知の領域　異なる評価》という見出しで、「エネルギー・資源学会」が実施した「ＩＰＣＣ派」研究者と「懐疑派」研究者による討議（往復書簡形式）の内容を取りあげた。懐疑派研究者の主張と、それにたいするＩＰＣＣ派研究者の考え方が紹介されている。この回では「つねに不確かさを引きずる運命にある『科学』を、社会的な出費をともなう温暖化対策の根拠としなければいけない」ことへの悩みも指摘されている。

三回目は、《「不確か」認め　懐疑論に対抗》という見出しで、懐疑論の問題に社会科学の視点からせまっている。一般市民は科学に「常に確実で厳密なもの」というイメージを抱くのにたいし、実際の科学は不確かさを抱え、常に書き換えられている。専門家の意見を紹介しつつ、科学にたいするイメージのずれが「懐疑論のブームの背景にある」とするしている。

連載をとおして、科学という営みの不確かさと、そのなかでどのような選択をすべきかという視点が貫かれており、「人為起源説」と「懐疑論」のどちらかにもくみしていないようにもみえる。ただ、一回目と三回目の見出しを読み解くと、見出しの主語は人為起源説の研究者となる。また、一回目と二回目は、懐疑論の研究者が登場し、それを受けるかたちで人為起源説の研究者が登場する構成になっている。見出し、記事構成ともに、両論併記の「バランス記事」というよりも「人為起源説が優勢」な記事に分類されるだろう。

朝日新聞の連載「温暖化バトル　懐疑論は本当か」の一回目は、科学面の全面を使った大きな記事で、《『人の影響』めぐり議論》《なお残る自然変動説》《不確かさどう判断》と三本の見出しがついている。ここでは、人為起源説と自然変動説という問題をストレートに取りあげている。二回目以降の見出しはそれぞれ《気候モデル精度がカギ》《雲の影響解明急ぐ》《社会への影響　どう予測》《科学の責任　一致点探る》となっている。

記事は、冒頭に懐疑論からの疑問点を紹介するエピソードが語られ、それを受けるかたちで複数の研究者が登場しながらストーリーが展開される。疑問点に関する説明や課題について研究者のコメントを紹介しながら、疑問点にたいする答えを記述していくという図式である。ストーリー性をもたせた書き方だが、大きくみるとQ＆Aに近い形式をとっている記事が多かった。

たとえば、連載二回目では、気候を再現することで、温暖化人為説を支えるデータを生み出す気候シミュレーションに使われる「気候モデル」について、記事の冒頭で「人為的な調整なしに現象は再現できない」と、気候モデルの信頼性に懐疑的な見方を取りあげている。そのうえで専門研究者への取材をおこない、「様々な法則や観測に縛られるため、好き勝手には調節できない」「精度が上がり、より現実に近づいたことが研究者の自信につながっている」「今後、精度が高まっても、方向性は覆らないとの見方が支配的だ」と書き、気候モデルの信頼性に問題はないことをしめしている。

朝日の連載記事は、温暖化懐疑論の論点に言及しつつ、結果としては、温暖化人為起源説を強調している。「懐疑論から指摘されることを検討してみたが、温暖化人為起源説に問題はない」とする言説である。この連載記事もバランス記事ではなく、「人為起源説が優勢」な記事に分類されるだろう。

連載企画に焦点をあてた一部の記事分析であるが、こうした結果から、日本の新聞は、IPCCに依拠して温暖化人為起源説を強調しており、人為起源と懐疑論のバランス報道にはなっていないことが示唆される。

†日本にもあった懐疑論とバランス報道

ここまでは、「温暖化の科学」に関する日本の新聞報道を取りあげてきた。それでは、「温暖化対策」に関する新聞報道はどうだろうか。そこにも懐疑論のようなものはなかったのか。

じつは、「温暖化の科学」に関する懐疑論とは対照的に、「温暖化対策」に関する懐疑論とバランス報道はかなり多く存在しているのである。

温暖化対策としては、地球の平均温度の上昇を抑制するため、温暖化の主因とされる温室効果ガスの削減策を検討する「緩和策（ミティゲーション）」と、温暖化の影響をできるだけ小さくする策を検討する「適応策（アダプテーション）」の二つがある。ここでは「緩和策」に絞って考察してみる。

温室効果ガス削減をめざすための具体策をめぐる環境省と経済産業省のあいだの意見の食い違いはよく知られている。環境か経済かという従来からの環境問題の図式のなかで、環境を優先する環境省と経済を優先する経済産業省との立場の違いが、ときに対立というかたちであらわれるのである。たとえば、環境税と排出量取引の具体策をめぐり、次のような対立が報じられてきた。

《環境省の環境税案、直嶋経産相「問題ある」》(『朝日新聞』二〇〇九年一一月一七日朝刊)
《経産省案「企業が排出目標」　温室ガス、環境省案と対立》(『朝日新聞』二〇一〇年一〇月二五日朝刊)

以上は二〇〇九年から二〇一〇年にかけての記事である。環境省と経済産業省の対立の構図は、京都議定書が生まれるときから顕著だった。一九九七年一二月に京都で開催されたCOP3に提出する削減策の日本案について、次のような記事が書かれている。当時は、省庁再編の前で、環境省は環境庁、経産省は通商産業省(通産省)と名乗っていた。

《CO_2排出目標の「日本案」、先行き見えず　環境庁長官の発言に、通産相が不快感》(『毎日新聞』一九九七年九月八日朝刊)

記事によれば、環境庁は「五%以上の削減が可能。むしろ環境ビジネスを育成し、経済にもプラス」と主張していた。これにたいし、通産省は「省エネの難しさを浮き彫りにすることで、大胆な目標を回避する」ことを目論んでいた。背景には「環境最優先か、経済負担を考慮するか」という基本スタイルの違いがあった。

京都議定書は、一九九七年の成立後に、その実効性についての懐疑論が顕著になる出来事があった。二〇〇一年の、米国の京都議定書からの離脱である。もとより途上国の中国には削減義務は課せられていない。米国の離脱により、当時、国別の温室効果ガス排出量で世界一位、二位を占めていた米国と中国の両国に削減義務がなくなってしまう。京都議定書が本当に世界規模の削減に役立つのか。疑問の眼が向けられるようになった。

こうした状況で、積極的な温暖化対策と慎重な温暖化対策をめぐり、日本でも両者の意見をバランスよくあつかう報道スタイルが定着した。記事のパターンとしては、一本の記事に環境省の主張と経産省の主張を両論併記する報道と、「環境省は……」という環境省の発表報道、「経済産業省は……」という経産省の発表報道に分かれる。

両論併記の記事は、両サイドの話をほぼ公平に登場させるもので、まさにボイコフらがいうバランス報道である。一方、環境省と経産省の個別報道記事は、一件一件はバランス報道ではない。ただし、同じ日の紙面に二つの省の発表記事が同時に掲載されたり、日を追って順に掲載されたりすることで、紙面全体として、結果的にバランス報道になっている。

†バランス報道の背景に取材者―情報源の一体化

京都議定書をめぐる温暖化対策をめぐっては、日本の新聞報道にも懐疑論があり、バランス報道があったと書いた。この背景には、ニュース生産過程にかかわる興味深い共存システムが存在する。取材者と情報源が強く結合し、一体化の傾向をみせる共存システムである。

具体的にどんなことかを説明するために、毎日新聞科学環境部副部長（掲載当時）だった田中青史の発言を紹介する。田中は、京都議定書が成立した後に発行された『新聞研究』一九九八年八月号の「環境報道を考える」座談会で、次のように語っている。

部の垣根というものはなかなか強くて、人を借りるのも大変だし、報道する際の部の垣根もまた別にあって、例えば『地球温暖化対策推進大綱』作成時に、科学環境部が書くか、経済部が書くかによって、解説が全然違ったものになってくる。いままで京都会議に向けて関係省庁の合同審議会がありましたが、通産省（現経済産業省＝瀬川注）を担当している記者が書くと通産省の言い分だけが前面に出てきてしまう。

田中が指摘したのは、新聞社の科学環境部（以下、一般的な部名として科学部と呼ぶ）と経済部のあいだには垣根があり、それはちょうど、環境庁（現環境省）と通産省（現経産省）のあいだの垣根と同じようなものだということである。誤解を恐れずにいえば、環境省と経産省のあいだの対立について、新聞社の科学部と経済部がそれぞれ環境省と経済省の主張を代弁している構図である。取材者と情報源という観点からは、「科学部と環境省」、「経済部と経済産業省」がそれぞれ結びつき、一体化の傾向をみせている。

これは共存システムとみることができる。「取材者」である科学部は、取材対象である環境省からの情報を得ることで記事を書き、紙面に掲載することで、新聞社編集局内での存在感をしめすことができる。一方、「情報源」である環境省は、情報が記事として新聞紙面をつうじて発信されることで、自らの政策をアピールし、実現する力を得ることができる。経済部と経済産業省の関係も同様である。共存のエコシステムが機能し、共存関係はより強固になっていくと考えられる。

共存システムの具体的な事例として、先に紹介した毎日新聞の「記者の目」欄における温暖化論争を取りあげてみよう。

このときは、毎日新聞大阪経済部記者の高田茂弘が「人為的温暖化論は真偽不明」という見出しの記事を二〇〇五年一一月二九日朝刊「記者の目」欄に掲載した。「人為的温暖化は真偽不明」という主張とともに、京都議定書が定めた日本など先進国の削減目標には科学的な根拠がなく、日本は削減目標自体を疑うことの方が健全だと主張した。

これにたいして、毎日新聞科学環境部記者の江口一が「『温暖化懐疑論』に反論」という「記者の目」記事を同年一二月六日朝刊に掲載した。高田の議論を「温暖化の科学」と「温暖化対策」に分けてそれぞれに反論を展開している。IPCC第三次報告書（二〇〇一年）が「最近五〇年間の温暖化の大半は、人為的だという強い根拠がある」と指摘していることを取り上げ、人為的温暖化論が優勢になっているなかで、公害問題などから学んだ「予防原則」にもとづいてCO2削減を進める必要があると主張した。

江口の反論に対応するかたちで、高田は「『温暖化』懐疑への反論に対する再反論」という「記者の目」記事を同年一二月一六日朝刊に書いた。以上が、毎日新聞「記者の目」欄での温暖化懐疑論の論争である。

議論の内容に深いりすることはしない。指摘したいのは、取材者と情報源の結びつきである。高田記者は、懐疑論の対象として「温暖化の科学」だけでなく、「温暖化対策」にも焦点をあて、日本は京都議定書の削減目標自体を疑うべきだと指摘している。大阪で取材をする高田記者は経済産業省の担当記者ではないが、この視点は、明らかに、経済界の一つの考え方を代表していた。一方で、江口記者は、IPCCの報告書や予防原則の視点を重視し、こちらは環境省の考え方に沿うものであった。記者本人の自覚的な意識とは別に、共存システムによる取材者と情報源の結びつきが生じていたと考えることができる。

共存システムは、日本のメディアにおいては一般的であり、地球温暖化の分野以外にも広く存在する。「政治部と政治家」、「社会部と捜査当局」、「文化部（学芸部）と文化・芸術関係者」、「運動部とスポーツ関係者」などである。この点については、第4章で再度検討することにしたい。

†発表報道につながる「客観報道」

本章では、地球温暖化報道の課題の一つとして「バランス報道」に焦点をあて、考察をすすめてきた。ボイコフらは、バランス以外に、客観性、公正性、正確性をジャーナリズムの規範としている。本章のおしまいに、地球温暖化報道との関係で「客観報道」のもつ意味と限界について整理しておきたい。客観報道については、第5章でさらにくわしく考察する。

客観報道とは、一般に、主観を入れずに事実を伝える報道だと考えられ、記者が守るべき重要な報道スタイルだとみなされてきた。原寿雄は『ジャーナリズムの思想』（一九九七年）のなかで、客観報道を次のように定義している。

ニュースの報道にジャーナリストの主観、意見を入れないことをいう。オピニオンを展開する言論活動と事実の報道とをはっきり分け、事実報道はできるだけ客観的に観察、分析し、できるだけ客観的に描写、伝達することで事実に迫ることができるという考え方である。（前掲書、一四四頁）

原によれば、客観報道とはジャーナリストの「主観、意見を入れない」事実報道のことである。その事実報道は、客観的な観察・分析・描写・伝達によるものだとしている。ただ、客観報道の定義のなかに、「客観」という文言が入っており、定義としてはやや曖昧さが残る。客観報道に関する他の定義については、第5章で紹介することにする。

記者の主観を排除するためにもっとも手っ取り早い方法は何だろうか。その一つは、記者会見などでの発表や発言をそのまま記録し、報道することである。

たとえば、地球温暖化にかんする情報でいえば、環境省と経済産業省の記者会見である。それぞれ科学部の記者と経済部の記者が担当しているとしよう。科学部の記者は環境省の記者会見にもとづく記事を書き、経済部の記者は経済産業省の記者会見にもとづく記事を書く。自分の意見を入れず、それぞれの発表内容を要約して発信する。客観報道という報道スタイルを守ることにもつながり、効率的に記事を生産できる。

ただし、記者会見の記事では、発表者の見解がそのまま反映されやすい。客観報道という報道スタイルは発表報道を生み、それが先ほど述べた共存システムとの相互作用を繰り返し、ますます強固なエコシステムが構築されていくのである。

第4章

マスメディア共同体の構造

†政府や科学者という権威

これまでの章で、STAP細胞問題、福島第一原発事故、地球温暖化問題を取り上げ、それぞれのテーマに関連してマスメディア報道の特徴と課題を考察してきた。

STAP細胞問題では「メディアはなぜ見抜けなかったのか」という視点で考えた。マスメディアは、理化学研究所という「権威」による記者発表を信用し、科学誌掲載という水準を超えて大々的に報道していた。その後も、研究不正のことは逐一報道したものの、マスメディア自身の「誤報」についての自己検証はおこなっていない（つけ加えて言えば、論文を掲載したネイチャー編集部自身が自らの「大誤報」を検証していない）。

福島第一原発事故では「大本営発表報道は克服できるのか」という視点で考えた。事故発生当初の原子炉内の炉心溶融に関係して、マスメディアの初期報道は、政府・東京電力の記者会見の内容にほぼ沿った「発表報道」になっていた。記者会見をする原子力安全・保安院と東京電力は炉心「損傷」という言葉を使って事故の矮小化を図り、新聞報道も「本格的な炉心溶融はおきていない」というメッセージを読者に伝えた。新聞別では、朝日・毎日の二紙と読売・日経の二紙のあいだで、異なる言説を読み取ることができた。「全電源喪失」事故については、東電の「想定外」という認識を、マスメディアもそのまま踏襲した報道がつづいている。

地球温暖化報道では「公平・中立報道」が意味するところを考えた。科学的な不確実性が指摘され、温暖化懐疑論も主張されるなかで、地球温暖化報道における公平さや中立性は絶対的なものではなく、「科学者集団からみた公平さ」「市民からみた中立性」というように、特定の立場や視点に依存した相対的なものであることをしめした。また、日本のマスメディアにおいて懐疑論の報道が少ないのは、IPCC(気候変動に関する政府間パネル)という公的組織にたいする権威としての信頼が背景にあることが推察された。

三つの問題はそれぞれに異なる背景をもち報道のかたちも異なっている。が、共通してみえてくるのは、日本のマスメディア(とりわけ中央の新聞・テレビ・通信社)が政府や電力会社、科学コミュニティ、科学者グループといった権威に重きをおき、権威からの情報を発表報道している姿である。もちろん、個々には明確な問題意識をもつ記者が優れた報道に取り組んでいるケースはある。ここで指摘しているのは、マスメディア報道のメインストリームとして、権威に依拠する発表報道が多いという点である。

「権威に依拠する発表報道」はなにも科学取材に特有の課題ではない。安保法制や沖縄基地問題の報道をはじめ、マスメディア報道がかかえる構造的な問題として考えることができる。

本章では、私自身の記者経験を参照しながら、中央のマスメディア組織とそこに属する記者に焦点をあて、その組織と人々が「マスメディア共同体」というべき閉じた集団を形成していることを明らかにしていきたい。そして、マスメディア共同体が、取材者―取材対象者のカップリングによる「権威に依拠する発表報道」をつねに再生産することをつうじて、その存在を成り立たせている構造をしめしていく。なお、序章で説明したように、本書では、断っていないかぎり、新聞・テレビ・通信社をマスメディアとよぶことにする。

†記者の一日

マスメディアの記者が日ごろの取材においてどんな意識をもっているのか、中央省庁の記者クラブに属する、X新聞社のA記者の仕事ぶりから推察してみよう。

A記者は朝、勤め先の新聞社ではなく中央省庁の建物内にある記者クラブに「出勤」する。記者クラブにはA記者が使える机がある。その日一日の記者会見やプレスリリースの予定は前日までにほぼわかっている。午前中は、閣議後の大臣会見などに出席し、必要だと判断した場合は夕刊用の原稿を本社に送信する。それ以降も、記事になるかもしれない記者会見に出席しながら、記者発表された内容の背景取材や自分の独自ネタ・特ダネの取材のために省内の関係部署を取材してまわる。

重要なネタの確認が必要な場合は、役所のトップである事務次官らにアポイントをとり直接会って話をしながら裏づけをとる。午後から夜にかけては、翌日の朝刊用に原稿を書かなければいけない。他社の記者の動きも気になる。他社の記者がいつもと違う動きをしていて長時間、記者クラブにいなかったりすると、特ダネを追っているのではという疑心がわいてくる。省内の取材にまわりながら、他社の記者の動静について探りをいれることもする。

新聞社にいるデスクは、A記者の原稿をデスクパソコンで受けとり、原稿をチェックして編集部門に出稿する。記者クラブの記者とデスクは電話でやりとりをすることが多い。デスクが原稿中の疑問点を聞き、足りない部分があると、A記者は関係部署に電話などで再取材する。原稿は修正され、追加の情報がくわわったりする。取材部のデスクや編集部門が重要ではないと判断した原稿はボツになり、紙面に載らないこともある。

夜も省庁内の関係部署を取材にまわったりする。ときには気のあう担当課長や課長補佐らと外に出て食事をする。こういうときは役所の人も本音を語ってくれやすい。支払いは基本的に割り勘だ。

大きなニュースのときには、省庁の幹部や親しい人の自宅に夜回りや朝駆けもする。新しい情報が得られることはあまりない。むしろ、他社の動きが気になるときに、何もないことを確認する「つぶし」の意味がある。取材相手の口は堅いが、それでも、少しのヒントを得られたりする。

翌朝、真っ先に気になるのは他社の紙面やウェブだ。放送ではNHKが新聞社と同じレベルの記者を記者クラブに配置しており、NHKの朝や夜のニュースも気になる。

まず、自分の担当範囲で「抜かれ」がないかをチェックする。他社が特ダネを出していれば、抜かれたことになる。一社だけでなく多くの社がいっせいに同じ記事を出しているときもある。その場合は自分が「特落ち」となり、気分が落ち込む。

反対に、独自ネタを出稿しているときは、他社が追いついてきているかどうかが気になる。他社に載っていなければ特ダネであり、勝ち誇った気分になる。一社でも同着のメディアがあると、うれしさは半減以下となり複雑な気持ちになる。

抜かれがなければ、今度は、自分が出した記事の各社比較をする。同じ発表を扱い、各社の記事の違いは一般の読者にはわかりにくい。それでも、取材し記事を書いた側からすると、細部でのニュアンスや情報はかなり異なっている。自分の独自取材で追加したところが生きているとうれしい。反対に、他社の追加取材部分にキラリとひかる点があると、負けたと感じてしまう。

以上が、記者クラブに属するA記者の一日である。

A記者の意識が、おもに他社の記者や他社の掲載ニュース（紙面・放送・ウェブ）に向いていることがわかる。

他メディアにたいする強い意識のなかで、A記者がもっとも気にするのは「特落ち」である。他社の多くに掲載されている記事が自分のメディアで抜け落ちていることが一番くやしい。まずは最低限、他社と横並びでいいから記事を掲載したい。こんな意識がはたらく。そういうなかで特ダネの意識も本能的にもっている。

もっとも、A記者の意識は記者個人がつくり出したものではない。A記者が特落ちをすればデスクが叱り、それが何度もつづけばA記者の記者としての評価に影響がでるというマスメディアの構造が影響をあたえている。

†マスメディアと学術誌の違い――記者クラブの記者は市民を意識しているのか

本章の冒頭で、「マスメディア共同体」という言葉を使った。その言葉は科学者集団がつくる「ジャーナル共同体」や「科学者共同体」という概念からヒントを得たものである。ここでいうジャーナルとは科学専門誌（学術誌）のことである。

両者の対比を唐突だとおもわれるかもしれないので、少し説明しておこう。

新聞・テレビの記者や編集者は、広く市民をオーディエンス（読者・視聴者）と想定し、記事を書いたり、ニュース番組を制作したりしている。難解になりがちな科学記事を書く場合でも「中学生にもわかるように書く」「自分のお祖母さんが読者だと考えて書く」ように先輩からアドバイスされる。

これにたいし、科学専門誌の読者は科学者仲間であり、一般市民ではない。科学者は研究のうえで、つねに科学者仲間を意識している。科学者が論文を書いて科学専門誌に投稿し、他の科学者が査読者（レフェリー）となって掲載の是非について評価する。掲載された論文はおもに科学者仲間が読み、自分の研究に引用したりする。科学者集団は、このように科学専門誌（ジャーナル）への論文掲載を中心に活動する、閉じた社会となっている。この科学者集団のありようを、科学技術社会論を専門とする藤垣裕子は「ジャーナル共同体」と名づけた。藤垣の著書『専門知と公共性』によれば、ジャーナル共同体とは「専門誌の編集・投稿・査読活動を行うコミュニティ」のことである。一般には、科学者の専門集団ということで「科学者共同体」とよばれることも多い。

一方、マスメディアの世界は一般市民がオーディエンス（読者・視聴者）であり、その点で、マスメディアは直接的に社会に開かれた存在であり、閉じた社会ではないはずである。記者や編集者の意識も一般市民に向いているはずである。たしかに、発信されるニュースの選択やわかりやすさの面では、一般市民が想定されている。しかしながら、記者や編集者が実際の仕事において強く意識するのは、先の「記者の一日」の項でしめしたように、読者としての一般市民ではなく、競争相手としての同業他社であり、他社の記者・編集者である。

先ほどの中央省庁の記者クラブに属するA記者が書く原稿の内容について考えてみよう。記者クラブには連日、省庁が発信するプレスリリースが山ほど届けられる。記者クラブでのおもな取材対象者は担当省庁の官僚である。プレスリリースを読み、官僚に取材をしながら原稿を書き、特ダネを探す。記者クラブの記者は、省庁発のニュースを競うため、自然と、省庁が重要だと考えるニュースに力点を置きがちになる。

A記者の意識は、おもに取材対象者としての省庁に向けられる。特ダネ欲しさに省庁の官僚に食いこもうと努力していると、思考まで官僚と同化しやすい。省庁の官僚と同じ思考をすることにより、省庁が考える重要な政策の情報は入りやすくなり、特ダネを書きやすくなる。「省庁の最新の情報に他の記者よりもいち早くアクセスする」ための構造がA記者の思考や価値観を省庁に近づける。その結果、オーディエンスである市民のことを忘れがちになる。記者の意識が同業他社や省庁を向いているということはその意識は内向きであり、科学者の意識が科学者仲間に向いている科学者コミュニティと似ていることがわかっていただけると思う。

†「マスメディア共同体」の成立

こうした記者の意識は取材執筆活動において絶えず再生産され、その積み重ねが、記者が属するマスメディア組織の意識の根幹をなしている。マスメディア組織は相互に強く結びつきながら、社会にたいしては開かれておらず、同じ価値観と慣行を共有する一つの閉鎖的な集団をつくってきたといえる。

マスメディアに属する記者・編集者によって構成される集団を「マスメディア共同体」とよぶことにしたい。マスメディア共同体は二重構造になっている。記者や編集者はまず自らがマスメディア組織に所属している。そして、個々のマスメディア組織が集まってマスメディア共同体を構成している。

マスメディア共同体はどのように機能しているのだろうか。

記者がある原稿を新聞やテレビで出したいとする。記者は所属するメディアの担当デスクに送り、ニュースの内容や情報の精度、ニュース価値になどについてのチェックを受ける。原稿は編集部に送られ、編集者たちの判断で掲載・放送の可否や扱いの大きさが決まる。担当デスク、編集者はニュースの掲載・放送にかかわるゲートキーパー（門番）といわれる。複数のゲートキーパーがさまざまな立場から原稿を評価し、掲載・放送の妥当性を検討する役目をになう。妥当と判断された記事がマスメディア組織の媒体に掲載され、発信される。

マスメディア共同体の特徴は、あるメディアに特ダネ・独自ニュースが掲載された後にあらわれる。一つのメディアに特ダネ・独自ニュースが掲載されたとき、他メディアはそのニュースを値踏みし、後追いで掲載する価値があるかどうかを判断する。後追いの原稿が掲載されることは、マスメディア共同体において、そのニュースの正当性が認められたことになる。後追いするメディアが多ければ多いほど、そのニュースの正当性は高くなる。発表報道の場合はどうか。そのニュースを大きく掲載・放送するメディアの数が多ければ多いほど、正当性は高くなる。

マスメディア同士の相互作用はニュース発信を軸に濃密におこなわれている。マスメディアの個々の組織に属する記者や編集者は、他のメディアが何をどう報じているかを絶えず意識し、注意を払い、他社の報道に対応して行動する。それはニュース記事の出稿、チェック、掲載、そして引用というかたちでやりとりが進んでいく。マスメディア組織の複合体が、ニュース発信において一つの大きな共同体として機能しているとみることができる。

†取材者―取材対象者のカップリング

マスメディア共同体は複数のマスメディア組織から構成される。ここではマスメディア組織の内部構造をみていこう。具体的には、そのニュース生産過程の特徴を、マスメディア組織の体制とからめて考察する。

まず起点としての役割をはたすのが記者クラブ制度である。マスメディアは、記者クラブ、とくに中央にある記者クラブを重視している。新聞やテレビがおもに権力や権威（内閣や官庁、警察、企業、専門家）から情報を得て、そのビジネスを成り立たせてきたからである。

日常的には、政治部と政治家、経済部と企業、社会部と捜査当局といった形で、それぞれが取材者―取材対象者の対をなし、共生関係のサブシステムを形成している。新聞社の取材部門の多くが、政治部、経済部などの縦割りになっていることも、共生関係のサブシステムを維持する構造となっている。

各取材部門と取材対象者の関係をおおまかに整理すると以下のようになる。

〈取材部門〉　　〈取材対象者〉

政治部　＝　政治家　政党　官邸　官庁（政治関係）
経済部　＝　経済団体　官庁（財務・経済関係）　企業　金融
社会部　＝　警察　検察　裁判所　法務省　官庁（社会関係）　市民
科学部　＝　研究者　官庁（科学関係）　医療関係者
生活報道部　＝　消費者　生活者　専門家（生活関係）　官庁（生活関係）
文化部　＝　作家　芸術家　文化人　演劇・芸能関係者

取材者と取材対象者の対を「カップリング」とよぶことにする。カップリングされた組では、取材対象者から得る各分野の重要な情報（政局情報、捜査情報など）が取材者の「飯の種」になる。サブシステムのなかにいる取材者は、あえて挑発的な言葉を使わせてもらえば、情報源を栄養源とし、日々、情報を生産しながら生活するような存在であろう。一方で、情報源となる取材対象者は、自らの情報をマスに伝達することで、影響力を保持しようと考える。ここに両者の共生関係が生じる。

取材者と取材対象者との価値観の共有もうまれやすい。政治部記者は政治家、経済部記者は経済人、社会部の警察・司法担当記者は刑事や検事、科学部は研究者と、それぞれよく似た思考回路を持つ傾向がある（もちろん全員ではない）。他メディアとの競争を勝ち抜くために、取材者が取材対象者に過度に依存し同化しやすくなることも背景として指摘できる。

マスメディア組織内の価値基準となっている特ダネ主義、日本のメディアに顕著な横並び主義（特オチを恐れる結果だろう）、さらには、編集局内にある各取材部門のヒエラルキーや勢力争いといったものも、共生関係のサブシステムを、ますます強固なものにする要因となる。各分野の共生と一体化のサブシステムが集合した結果、権力・権威とマスメディアとの共生関係という強固な構造が生じている。

†編集局の権力構造は社会の縮図

指摘しておかねばいけないのは、個々のマスメディア組織内部の権力構造である。新聞・テレビの編集局や報道局では政治部と政治家、社会部と捜査当局といったカップリングが生じ、ニュース生産そのものが縦割りの構造ですすんでいる。その結果、政治部が政治家の代弁をし、社会部が捜査当局の代弁に力をいれたりする。編集局内での各取材セクションの議論は、社会におけるアクター同士の議論の「代理戦争」になりやすい。編集局内での議論には、各取材セクション同士の力関係が色濃く反映することを忘れてはいけない。

一般的に発言権の強い取材セクションは、政治部、社会部、経済部、国際部などである。発言権の強い取材セクションは、日々の紙面で、一面に出稿する記事が多い部署である。反対に、発言権の弱い取材セクションは、科学部、文化部、スポーツ部、生活部などである。科学部は、福島第一原発事故の報道などで一面での報道にかなり貢献しており、弱小取材セクションのなかでは立場が比較的強い方ではあるが、政治部や社会部などにくらべるとまだまだ発言力は小さい。

編集局の権力構造は、現実の社会において、政府・官庁、捜査当局、経済界といったアクターが有する権力構造をそのまま縮図のように反映している。科学者や作家・芸術家、スポーツ選手らは、専門性という点で権威となりうるが、実権的な権力は有していない。生活者は市民そのものであり、オーディエンスである。市民はジャーナリズムにとってもっとも重要な存在である。また、生活ニュースは身近で関心も高い。そうではあるが、やはり権力・権威というレンズをとおして物事をみるのに慣れたマスメディアにとって、生活者の相対的な地位は低いままである。

林香里は著書『マスメディアの周縁　ジャーナリズムの核心』のなかで、メインストリームの〈マスメディア・ジャーナリズム〉の周縁にあるジャーナリズムに言及している。林の問題意識は「ジャーナリズムの意識とはむしろ、マスメディアの周縁に宿るのではないか」というものであった。そして「マスメディアの周縁部に存在しながら、現代のジャーナリズムを推進しようと試みてきた事例」として、日本の新聞「家庭面」、ドイツのオールタナティヴ新聞、アメリカの「パブリック・ジャーナリズム」を取りあげて分析している。

本章では、編集局の権力構造という視点から、マスメディア組織の中心部にある取材部門とマスメディア組織の周縁部にある取材部門とを分けて考えてみた。林のいう新聞「家庭面」は現在では生活面とよばれ、生活報道部という取材部門が担当している。マスメディア組織の中心部からはずれたところに位置する生活面などにジャーナリズムの核心があるという林の主張は興味深く、首肯できるところである。

†日々主義とニュースの断片化

ニュースの断片化も、マスメディアのニュース生産過程が構造的に生み出す特徴である。ジャーナリズムは日々主義だと喝破したのは、戦前の物理学者、寺田寅彦だった。

ジャーナリズムの直訳は日々主義であり、その日その日主義である。けさ起こった事件を昼過ぎまでにできるだけ正確に詳細に報告しようという注文もここから出て来る。

この注文は本来はなはだしく無理な注文である。たとえば一つの殺人事件があったとする。(中略)それを僅々数時間あるいはむしろ数分間の調査の結果から、さもさももっともらしく一部始終の顚末を記述し関係人物の心理にまでも立ち入って描写しなければならないという、実に恐ろしく無理な要求である。その無理な不可能な要求をどうでも満たそうとするところから、ジャーナリズムの一つの特異な相が発達して来るのである。

(寺田寅彦『ジャーナリズム雑感』一九三四年)


寺田は、ジャーナリズムが、無理な要求である日々主義を何とか実践するために採用した手法の一つとして「差分報道」というべきものを取りあげている。締切り時間ごとに、それまでに起きた出来事は旧聞とし、次の締切りまでに発生した事象を新情報(新聞)として取材し、報道していくやり方である。

日々主義とされる新聞やテレビは、この差分報道により、日々、締切りから締切りまでの時間に起きた出来事に注力する。日々、限られた紙面や放送時間のなかでニュースを発信していくマスメディアの慣行ともいえる。

日々主義による新聞報道の制約を指摘しているのは寺田寅彦だけではない。評論家の立花隆も『アメリカジャーナリズム報告』のなかで「新聞の第一義的な機能は、その日その日の最新のニュースを伝えることである」「この新聞のその日暮らし性からいって、新聞の取材はきわめて底が浅いものにならざるをえない」と言い切っている。取材そのものは記者の問題意識と情熱、取り組む時間次第では深いものになるので、「きわめて底が浅い」は断定調にすぎるとおもうが、ここでは、構造的な仕組みを強調したのであろう。

日々の新聞の時間的守備範囲は一日であり、空間的守備範囲は全世界、全国である。時間的守備範囲は短いが、空間的守備範囲はやたら広い。そこで起きた事象を網羅的に、さして大きくない新聞の紙面に盛り込むためには、簡潔な文章で、基礎的事実関係のみにしぼって書かれた短いニュースを沢山ならべる以外に方法はない。

先月のできごとや昨年のできごとは、新聞にとっては本来ニュースたりえないものである。世の中には、歴史のフィルターを通して見たときにはじめて浮かびあがってくる事象というものがあるものだが、むろんそれは新聞の守備範囲ではない。(『アメリカジャーナリズム報告』一三〜一四頁)

立花の文章からも、一日という短い時間的守備範囲におけるニュースに的をしぼり、歴史や文脈を軽視しがちな新聞報道の姿がみえてくる。

†「社員」と「記者個人」の二重性

マスメディア組織に属する記者本人は、日々主義とそれによるニュースの断片化をどう感じているのだろうか。

毎日のように特定のテーマを取材していると、取材データが多面的に集積され、事実と事実の関係性や文脈が徐々に明らかになり、全体像がみえてくるようになる。マスメディアの慣行上、記者は、日々の新しい情報に焦点化するかたちで断片的に報道していくわけだが、報道されないで埋没していく取材データはかなり多い。

記者として、所属するメディアのために仕事をして日々の記事を書きながらも、自分のなかに、未発表の取材データがたまり、全体像が構築されていく。立花隆のいう「職業的懐疑精神」や「職業的批判精神」を強くもった記者であれば、自分のなかに集積された、そうした取材データを活用して、より長文の原稿やルポを書きたいという「個人」としての気持ちが芽生えるのは自然である。記者が、自分が所属するメディアとは別の雑誌で長文の記事を書いたり、本を出版したりするのは、断片化された出来事の脈絡をみせ、問題の全体像を明らかにしたいというプロフェッショナルとしての使命感のあらわれであろう。

記者は、「新聞社員」「放送局員」という「社員」としての存在と「記者個人」としての存在という二重性を有している。組織メディアからは、社員としての仕事をこなすことが第一義に求められるのであり、記者も社員であることを優先して仕事をする。その結果、マスメディア共同体をささえる役割をはたす。

しかし、社員としての仕事と記者個人の思いのあいだには、ズレがあることが多い。ひょっとするとリベラル／保守などの政治的な立場では、「社員」と「個人」の思想が正反対の場合があるかもしれない。たとえば、政権党寄りの立場の新聞に所属する記者は、新聞の立場どおり、政権党に都合のよい記事を多く書いているが、実際のところ、記者本人は反政権・反権力の考えだったりする。外からは、マスメディア共同体は強固で一枚岩のようにみえるかもしれないが、なかにいる記者は二重性をもち、組織と個人のあいだで揺れている。

「社員」と「記者個人」の二重性と乖離という問題は、古くてかつ新しい問題のようである。明治から戦前・戦後の新聞ジャーナリズムを概観した鶴見俊輔は「解説　ジャーナリズムの思想」（『ジャーナリズムの思想』所収、一九六五年）において、とくに戦前から戦後への動きのなかで、「記者個人の報道」と「その記者が属している新聞によってなされる報道」のあいだのひらきが大きくなったと指摘している。

機構〔組織のこと＝瀬川注〕としてのジャーナリズムの思想と、そこに働くジャーナリストの思想とがきりはなされ、その結果それぞれのジャーナリスト個人にとっては心ならずもジャーナリズムの機構の歯車にまきこまれて転向していくという過程があった。その過程そのものは、新聞社、放送局の内部でおおやけの手続きによって分析され反省されたことがない。(『ジャーナリズムの思想』三七頁)

マスメディアで「記者個人の報道」に取り組むことは至難であり、記者にとっての苦渋がうまれる。鶴見によれば、「転向」を拒否し、表現形態に責任をもちたいと考えるジャーナリストが戦後の安定期に乗り出したのが、「マスコミ」に対抗して登場した「ミニコミ」(ミニマム・コミュニケーション)という小新聞、小雑誌だった、という。

†マスメディア共同体は現代日本に特有か

本章では、新聞・テレビなどのマスメディア共同体が存在し、共同体のなかにいる個々のマスメディア組織が記者クラブを起点に慣行を共有し、互いの報道を意識しながらニュース生産をつづけている仕組みを明らかにしてきた。現代日本において顕在化した共同体ではあるが、過去になかったわけではなく、むしろ以前から、その存在が指摘され、批判されてきたものである。

先に紹介した立花隆の『アメリカジャーナリズム報告』(文庫版)が当初『ジャーナリズムを考える旅』という題名で単行本として出版されたのは一九七八年のことである。同書のなかで立花は、新聞の記者クラブ依存体質と横並び体質を批判的に論じている(頁は文庫版)。

日本の新聞の最大の欠陥としてよく指摘される中身の画一性は、その記事があまりにも多く「発表もの」に依拠しているためである。(同書三二頁)

記者クラブは本来、記者の親睦社交が目的で作られたものであるが(いまもタテマエ上はそうなっているが)、現実には、記者たちの相互規制、足のひっぱりあいをやる機関として機能している。それがソースの側にとっては、ニュース操作に役立つことになる。(同書三四頁)

特オチが何よりいやな新聞記者の多数派と、報道管制が何より好きなソースの側との利害は、記者クラブを通じる発表という情報チャネル一本にニュースの流れをしぼるこ

とにおいて完全に一致し、結果は官の手によるニュース操作がますます巧妙にすすむことになる。(同書三三五頁)

一読してどうおもわれたであろうか。

今日指摘される記者クラブの問題は、一九七〇年代にはすでに指摘されていたのである。記者クラブという機関をつうじて、マスメディアの記者が互いを意識し、相互規制しているという状況は、私がいう「マスメディア共同体」の内部構造の一つといえるだろう。

立花の『アメリカジャーナリズム報告』は、おもに米国のジャーナリストへのインタビューをもとに構成されている。インタビュー対象者のひとりは、ワシントンポスト紙記者のボブ・ウッドワードである。ニクソン大統領を辞任に追いこんだウォーターゲート事件を手がけた調査報道記者である。ベトナム戦争に関連するペンタゴン文書報道とともに、米国のジャーナリズムがもっとも輝いていた時代といわれる。米国からの刺激をうけて立花がチーム取材で手がけたのが「田中角栄研究―その金脈と人脈」であった。田中角栄研究は、月刊『文藝春秋』一九七四年一一月号(一〇月一〇日発売)に掲載され、発売から約二ヵ月後に田中内閣が総辞職する事態となった。

同書では、米国と日本の調査報道の旗手が、両国のジャーナリズムについて興味深いやりとりをしている。
日本ではウォーターゲート事件を契機に、米国のジャーナリズムを礼賛する向きがあったが、実態は必ずしもそう単純な構図ではなかった。ウッドワードは、ウォーターゲート事件のような報道ができる新聞社は、全米でも三、四社に限られており、背景には、新聞社内部に、そうした報道をつぶしにかかる記者がいるからだと語っている。本章で説明した、政治記者における「取材者―取材対象者のカップリング」と、政治部を中心とする「編集局内の権力構造」が関係する話である。そのインタビューの部分を引用してみよう。

立花　日本の新聞の政治部記者には、その、向う側に入っていながら「入った」自覚のない人間の典型が多いんです。
彼らは、特定の政治家の私設顧問のような形でその政治家にコミットしてしまう。だから高度な情報は取れるんだけれども、その情報を記事にしない。そういう一群の政治部記者がいるために、たとえば社会部の記者が政治スキャンダルを書こうとすると、同じ会社の中からブレーキがかかるというようなことが起る。
そういう政治記者的存在はアメリカのジャーナリズムにもあるのでしょうか？
ウッドワード　残念ながらアメリカにもいますね。

そういうジャーナリストが存在するということは、読者を欺くことに通じますから、これは現代ジャーナリズムの一番のジレンマともいえるでしょう。

物事に精通した記事を書くには、内部に立ち入らなければならないけれども、さらにその内部から飛び出せる能力も必要になって来る……（同書七〇頁）

政治部記者が政治家とカップリングし、編集局内で政治家の代弁者のようにふるまう。社会部記者がウォーターゲート事件のような記事をあつかおうとすると、政治部記者が編集局内の権力関係を利用して、報道をおさえようと圧力をかけてくる。まさに、本章で取りあげたマスメディア共同体の内部構造の一つである。

マスメディア共同体は、すでに一九七〇年代の日本において存在していたと考えられる。当時の米国においても、取材者―取材対象者のカップリングという、マスメディア共同体にみられる構造が存在していたのは示唆的である。

第5章

「客観報道」と「公平・中立報道」の問題点を考える

第3章（地球温暖化報道）の終わりの部分で、「客観報道」という報道スタイルが「発表報道」につながる可能性についてふれた。発表報道の問題は、STAP細胞報道でも、福島第一原発事故の報道でも、マスメディア報道の構造的な特徴として抽出されてきている。客観報道とは何か、それはジャーナリズムの規範として妥当なのか、という点はさらにくわしく検討しておくべきテーマであろう。また、やはり地球温暖化問題の章で検討を試みた「公平・中立報道」についても、自民党が選挙時期のテレビ報道にたいし「公平中立ならびに公正の確保」を求めて在京民放局に要望書を送るケースがでてきており、地球温暖化報道にとどまらない、広い射程をもった問題だといえる。

本章では、ジャーナリズムが拠って立つべき原則、という観点から、「客観報道」と「公平・中立報道」の意味と課題について論じていくことにする。

†コヴァッチらが提示したジャーナリズムの一〇の原則

ジャーナリズムを学ぶ人、実践する人にとっての必読書とも評されるのが、ビル・コヴァッチとトム・ローゼンスティールによる『ジャーナリズムの原則』（邦訳本は同名で加藤岳文・斎藤邦泰訳、二〇一一年）がある。原著は二〇〇一年に初版が出版され、〇七年に改訂第二版[39]、一四年に改訂第三版が出版されている。改訂版が二度出ているのは、デジタルの時代の急速な変化に対応したこともあるが、何より、ジャーナリズムにかんする同書の基本的な考察がデジタルの時代においても有効であることをしめしている。

同書のきっかけとなったのは一九九七年六月、ハーバード・ファカルティ・クラブに、米主要紙、テレビ・ラジオ関係者やジャーナリズム教育者ら総勢二五名が集まった会合だった。米国において新聞やテレビにたいする市民の信頼の低下が目立ち、一方で、ジャーナリストもマスメディアのあり方に疑問をもち悩んでいた。

主要な問題意識の一つは次のようなものだった。


「変化する環境のなかで、ジャーナリズムが変わらずに維持すべき原則はどのようなものか」


コヴァッチらは「憂慮するジャーナリスト委員会」(The Committee of Concerned Journalists) をつくり、公開フォーラム、長時間インタビュー、アンケート調査といったさまざまな調査研究にとりかかった。

公開フォーラムを二一回ひらき、三〇〇〇人以上の市民が参加し、三〇〇人以上のジャーナリストから証言をえた。大学の研究者と連携し、ジャーナリズムの価値についてジャーナリストたちに長時間インタビューを実施した。ジャーナリストを対象に、ジャーナリズムの原則についてのアンケート調査もおこなった。同時に、ニュース報道の内容分析やジャーナリストの先達の歴史について研究をしたりした。

三年間の調査研究の成果をいかしたものが『ジャーナリズムの原則』である。

本書には、ジャーナリズムの目的や、ジャーナリズムが維持すべき一〇の原則が記述されている。強調されているのは、そうした目的や原則は哲学的な思索から先験的にとりだされたものではなく、集まった意見を整理して提示した経験的な所産だという点である。ジャーナリストがジャーナリストや市民の意見をもとに作成したのが『ジャーナリズムの原則』という本なのである。

ジャーナリズムの目的について、コヴァッチらは同書のなかで次のように説明している。

「ジャーナリズムの主要な目的は、自由と自治に必要な情報を市民に伝えることである」（二〇〇七年改訂第二版、一二頁。本書の引用は基本的に改訂第二版にもとづいている）

「市民」「自由」「自治」「情報」といったキーワードが登場している。言葉を補足して私なりに説明をすれば、ジャーナリズムは、自由で自律した社会をかたちづくっていくために、そこに生活する主権者たる市民が主体的に考え議論するのに必要な情報を提供する。つまり、民主主義制度の社会を形成し維持していくためにジャーナリズムは存在する、ということである。ジャーナリズムの公共的な役割が端的に語られている。

では、そうした目的を共有するジャーナリズムが依拠すべき原則とは何なのか。『ジャーナリズムの原則』は、一〇の原則を提示している（同書五〜六頁、原著初版は九つの原則だったが、〇七年の改訂版で一〇番目の原則が付け加えられた）。一〇の原則をそれぞれのキーワードをつけて箇条書きにしてみる（【　】内がキーワード）。

1. ジャーナリズムは第一に真実にたいする義務がある。【真実】
2. ジャーナリズムは第一に市民に忠実でなければならない。【市民】
3. ジャーナリズムの核心は検証の規律である。【検証】
4. ジャーナリズムの実践者は取材対象者からの独立を維持しなければいけない。【独立性】
5. ジャーナリズムは権力にたいして独立した監視役として機能しなければいけない。【権力監視】
6. ジャーナリズムはオープンな批判と妥協を可能にするための場（フォーラム）を提

供しなければいけない。【公開フォーラム】

7．ジャーナリズムは重要な出来事を面白くかつ関連性をもたせるように努力しなければいけない。【物語性】

8．ジャーナリズムはニュースについて包括的でかつ誇張のないようにしなければいけない。【包括性】

9．ジャーナリズムの実践者はそれぞれの良心にしたがう義務がある。【良心】

10．市民もまたニュースにたいして権利と義務がある。【市民の権利と義務】

第一〇の原則は、ネットの時代になり、市民のだれもが情報の発信者と受信者になったことを想定して付け加えられた原則である。一〇の原則のうち、最初にあげられている「真実」についてコヴァッチらの考え方をみておこう。

「真実」とは多くの人にとって、自明であるようで、しかしたちまちにしてよくわからなくなる、そんな困惑のもととなる概念である。コヴァッチらは、ジャーナリストがあつかう真実は、哲学的な議論における絶対的な真理とは異なり、機能的で実践的な真実であるとことわっている。

ジャーナリズムにおける真実とは何か。

コヴァッチらは「最初の記事によってはじまり、時を経て築かれていくプロセス」(四三頁)だと説明する。取材によって事実を積み重ねることで、事態の真相にせまるというイメージである。

コヴァッチらは、『ジャーナリズムの原則』の続編の書といえる『ブラー』(邦訳本は奥村信幸訳『インテリジェンス・ジャーナリズム』二〇一五年)において、ニューヨーク州立大学のH・シュナイダーの定義を参考にしながら、真実について次のように説明している。

「真実とは、その時点で、利用可能な根拠にもとづいて最も確かだといえる言明である」(『ブラー』三三頁)。

真実は絶対的なものではなく、新しい根拠がでてくれば変わる可能性があることも強調している。

『ジャーナリズムの原則』にもどって、一〇の原則のキーワードをもう一度みてみよう。真実、市民、検証、独立性、権力監視、公開フォーラム、物語性、包括性、良心、市民の権利と義務――。読者のなかには、すでに、この「ジャーナリズムの一〇の原則」のなかに「客観性」や「公平・中立」あるいはバランスといったキーワードがないことに気づかれた方もおられるだろう。

第3章で取りあげたボイコフらの論文（二〇〇四年）では、ジャーナリズムの規範として、客観性、公正性、正確性、バランスという四つの要素があげられていた。客観性や公正性、正確性、バランスといった規準が、コヴァッチらの「ジャーナリズムの一〇の原則」に盛り込まれていないのは興味深いことである（このうち正確性については、一〇の原則のなかの「真実」「検証」に含まれる基本的な要素と考えられるため、本章の考察からは除外した）。

じつは『ジャーナリズムの原則』においても、客観性、バランス、公正性の意味するところについては、きちんと吟味をしながら議論をすすめているのである。では、『ジャーナリズムの原則』は、客観性などの要素をどうあつかっているのか。客観性、バランス、公正性に分けて、それぞれをみていくことにする。

客観性とは科学的方法のこと

客観性（Objectivity）という概念は、ジャーナリストに広く誤解されて使用されている、とコヴァッチらは指摘する。

客観的な報道といったときに必ず出る批判は、ジャーナリストも一人の人間であり主観的にモノを見るので、客観的な記事は土台無理である、というものである。この論点の立て方は昔も今も変わらない。知っておかなければいけないのは、ジャーナリズムにおける客観性が提唱されたのは、ジャーナリストが主観的であることを十分認識したうえでのことだったということである。

米国では、一九世紀末にイエロージャーナリズムが台頭し、事実を誇張し、捏造さえもいとわないセンセーショナルな報道が目立っていた。一九二〇年ごろ、この風潮に警鐘をならしたのはジャーナリストのW・リップマンだった。彼は、取材における客観的な方法を強調した。客観的な方法とは、科学研究と同様に、ニュースをさまざまな角度から検証し、他者もそのプロセスを知ることができるように透明性を確保する、そうした科学的な手法のことをさしている。

科学的な手法によるジャーナリズムを後押ししたのは、ノースカロライナ大学のジャーナリズム担当教授、P・メイヤーだった。メイヤーは一九七〇年代に「プレシジョン・ジャーナリズム（精密ジャーナリズム）」を提唱したことでしられる。[40] 取材データの収集と分析に統計的な手法を取りこみ、今日のデータジャーナリズムの源流をつくった一人である。

メイヤーによれば「ジャーナリズムと科学は同じ知的ルーツをもっている」。

あるフォーラムでメイヤーは次のように語っている。

「方法の客観性を強調しなければいけない。科学的な方法とはそういうものである。われわれの人間性や主観的な動機が何を調査したいかという方向性を決めるが、その調査は客観的な手段によるのである」(『ジャーナリズムの原則』八七頁)

†客観性が誤解されて広まった「客観報道」

ところがである。多くのジャーナリストは、リップマンが言う客観性を誤解してしまった。わかりやすくいうと、リップマンが「取材における客観的な方法」を意図したのにたいし、ジャーナリストたちは、客観性とは「客観的に伝えること」だと勘違いしたのである。客観的に伝えるということは、客観性を一つの表現スタイルとしてみることになる。それでは、取材手法としての客観性という点ではまったく不十分なのである。

この点で、ヨシタケシンスケの『りんごかもしれない』(ブロンズ新社)という絵本は重要な視点を提供してくれる。

テーブルの上にリンゴが一個おいてある。リンゴかもしれないが、リンゴではないかもしれない。そうおもったときに、連想がさまざまにわいてくる。リンゴに見えているのは何か大きなものの一部かもしれないし、反対側からみれば違ったものにみえるかもしれない。

リンゴを同じ場所から眺めているだけでは、見えた情報しか入ってこないため、確認のしようがない。素朴な写実主義にひそむ多義的な世界をユーモラスに伝えている。哲学的な認識論にもかかわり、じつに示唆的である。

ジャーナリストが現場に行き、見たことを記事にして新聞社に送稿するのは、素朴な写実主義といえるものである。見たこと聞いたことを別の複数の手段で確認したり、検証したりしなければ、真実性は担保できない。

客観性にかんして『ジャーナリズムの原則』が言わんとするところをまとめてみると、次のようになるだろう。

客観性は重要なジャーナリズムの要素である。ただし、長いあいだ、「客観的に伝えること」が客観性の意味だと誤解され、ニュース表現のスタイルとして使用されてきた。客観性にもう一度、本来の意味をあたえる必要がある。真の客観性とは取材における科学的方法のことであり、さまざまなかたちで対象の出来事を検証することである。つまり、ジャーナリズムにおける客観性とは検証の規律を意味している。

つまり、客観性という観点において重要なのは「検証の規律」であり、誤解されて広まった「客観報道」ではないということである。

†日本における客観報道の議論

それでは、『ジャーナリズムの原則』の議論をふまえて、日本における客観報道の語られ方について考察してみよう。

第3章の地球温暖化報道のところで紹介した原寿雄の定義を再掲する。

ニュースの報道にジャーナリストの主観、意見を入れないことをいう。オピニオンを展開する言論活動と事実の報道とをはっきり分け、事実報道はできるだけ客観的に観察、分析し、できるだけ客観的に描写、伝達することで事実に迫ることができるという考え方である。(『ジャーナリズムの思想』、一四四頁)

原が言う客観報道は、できるだけ客観的に観察、分析し、またできるだけ客観的に描写、伝達する事実報道のことである。

原以外の定義も調べてみよう。藤田博司は『情報学事典』(二〇〇二年)のなかで、「客観報道主義」という項目を次のように書いている。

大部数の新聞の登場とともに、できるだけ多くの読者に受け入れられるニュースの報道手法として実践されてきた考え方。できるだけ記者の主観をまじえず、中立、公平の立場で事実をありのままに伝えようとするもの。

原と藤田の「客観報道」の説明において、ジャーナリストや記者の主観を排して報道する点は共通している。

それでは、『ジャーナリズムの原則』に照らして、取材過程と伝達過程（記事・映像表現）に分けてみた場合はどうだろうか。

原の場合は「客観的な観察・分析」と「客観的な描写・伝達」の両方を含んでおり、取材過程と伝達過程の両方の客観性を意味している。一方、藤田の場合は「主観をまじえずに事実をありのまま伝える」ことを意味しており、記事の表現方法を中心とする伝達過程における客観性を指摘している。「記者の主観を排して報道する」ことが強調されている。

日本の客観報道の議論は、「事実をありのまま伝える」という言葉に象徴されるように、おもにニュースの表現方法（伝達過程）についての議論が中心だったようにおもう。見たこと聞いたことを「客観的に伝える」ことに焦点が当たり、取材方法の客観性についての議論はおろそかにされてきた。『ジャーナリズムの原則』の指摘をふまえ、取材方法の客観性、つまり、取材調査における科学的アプローチ法が重要だということを認識すべきとである。

リップマンやコヴァッチらの議論に戻れば、彼らが強調するのは「ジャーナリストが客観的なのではなく、手法が客観的だ」という考え方である。客観報道をめぐるリップマンらの見解を、大石裕は「技法としての客観報道」の系譜に位置づけ、「客観報道について論じる際、拠って立つべき重要な視点を提示している」(大石裕『ジャーナリズムとメディア言説』、六八－六九頁)と評価している。

†客観性を装う発表報道と主観報道

原寿雄は先述の『ジャーナリズムの思想』のなかで、「客観報道主義」の問題点の一つとして、「記者クラブを舞台に日常化している諸官庁を中心とした発表や政治家たちの発言が、客観的事実としてそのまま報じられていること」をあげている。つまりは発表報道の横行である。

発表報道が主流になる背景には、マスメディアのニュース生産過程における効率と責任の問題が関係している。発表報道は、相手の発表を待って、その情報にもとづき報道をする。発表スケジュールは事前に知らされているので、マスメディアは少ない人数で多くのニュースを発信することができる。また、「信頼できる情報源が発表した」ということ自体は、客観的な事実である。発表内容の真偽は、信頼できる情報源だから大丈夫であろうという推定にもとづくが、もし、発表内容が間違っていたとしても、間違った情報源に責任を転嫁することが可能である。理化学研究所のSTAP細胞の報道は、まさに、間違いは理研や発表グループの責任であるというかたちで事態はすすんだといえる。次のような構図が発表報道の横行をゆるしていると考えられる。

客観性＝「信頼できる情報源」が「発表した」という事実に依拠
↓
結果的に「発表報道」の記事が横行
↓
責任を発表者に転嫁することに

発表報道が横行する結果、じつは新聞紙面には、政治家たちの主観的な意見があふれている。たとえば、二〇二〇年東京オリンピック・パラリンピック組織委員会の森喜朗会長が記者会見の席で、小池都知事にたいし、「五輪をよく勉強して頂きたい」と語ったことが報道されたりする。小池都知事は、肥大化する二〇二〇年の東京オリンピックの開催費用を検証することを明言し当選した。森会長の発言は、ある意味、小池都知事にたいする牽制球のような個人的意見であり、開催費用問題の本質とは離れている。それでも、新聞は、この発言を見出しにとって報道する。本当に小池都知事が「勉強していないのか」ということは問わないし、検証しない。権力をもつ政治家が発言したのだから、という客観報道である。記者の主観を排除することを意図した客観報道記事に、政治家の主観的な発言が事実として記述されるのは皮肉なことである。

ジャーナリストが「見たまま聞いたまま」を事実として報道するのが伝達の客観性をたもつ規準とされている。しかしながら、この規準では、記者の主観がひそみこむ余地がおおいにある。

大地震で震度六程度の揺れがおきたときに、記者が現場でまず取材するのは、もっとも被害が大きかった地域になるだろう。記者は、被害に遭った人や救助にあたる人々の話を聞き、自分の目に入った現場の惨状を描写しながら、記事を書くだろう。その近接区域の被害がほとんどなかったとして、「近接区域の被害はほとんどなかった」を入れるかどうかは記者やデスクの判断に任せられる。「近接区域の被害はほとんどなかった」と書かなければ、地震の被害は、現実の被害よりも大きいものとしてオーディエンスにつたわってしまう。「見たこと聞いたこと」のすべてを記事に盛り込めるわけではなく、そのときの情報の取捨選択により、実際の被害の様子と異なる記事がうまれる可能性は決して小さくない。

飛行機発着のトラブルの現場をルポする記事として、次のような文章はどうだろうか。

「濃霧で飛行機が発着できなくなり、空港のカウンターは混乱していた」

文中の「カウンターは混乱していた」は、どのような状態であれば「混乱」であり、どのような状態なら「混乱していなかった」といえるだろうか。行列の長さや待ち時間などの具体的な数字がない表現は、記者の主観の投影にすぎないともいえる。「見たこと聞いたこと」を客観的に報告しているつもりの記事には、実際には、主観的な判断や表現がいろいろとまぎれ込むのである。

†公平・中立報道の意味

あるテーマについて、対立する意見、あるいはさまざまな意見があるときに、そうした意見をどのように扱うかによって、「公平な報道だ」、「いや公平ではない」、あるいは「中立的な報道だ」、「いや中立ではない」といった声が出る。公平ではない、あるいは中立ではないと思われる報道にたいしては、「偏向」しているという批判がでる。

公平・中立報道についての議論をみていて気づくのは、似たような概念の言葉が多いことである。よく使われる言葉としては、「公平（インパーシャリティ）」「中立（ニュートラリティ）」のほかに「公正（フェアネス）」という言葉がある。「偏向（バイアス）」という、逆の意味合いをもつ言葉もある。

英語圏の議論において日本と異なるのは、「バランス」という言葉が使われ、バランスについての議論が他の言葉と比べて目立って多いことである。第3章で取りあげたボイコフ論文も、米国のバランス報道とバイアス報道を対象にしていた。学術論文を中心とした検索サービスであるグーグルスカラーで、「ジャーナリズム」という単語とのAND検索を英語でしてみると、「バランス」（約二五万件）が一番多く、次いで「公正」「中立」「公平」の順だった（二〇一六年七月一七日に実施）。

バランスのよい報道とは、複数の意見を適切な割合であつかった報道という意味であり、公正、中立、公平が意味するところに通じている。いずれも、多様な意見をどう報道するかという点に関係している。

これは米国や日本の議論に共通していえることだが、ジャーナリズムの分野においては、「公正」という言葉と「公平」という言葉は、ほぼ同じ文脈のなかで互いの意味を区別せずに使われることが多い。たとえば、日本では「公平中立」な報道と「公正中立」な報道という言い方がほぼ同じ意味で用いられている。米国でも「公正さとバランス」というようなセットで用いられる。本書では、特別の事情がないかぎり、「公平」と「公正」を区別することはしないで、基本的には「公平」という言葉を使用することとする。

†バランス報道・中立報道はなぜ原則ではないのか

コヴァッチらの「ジャーナリズムの一〇の原則」のなかには、バランス・中立・公平という言葉は入っていなかった。どんな理由があるのだろうか。

『ジャーナリズムの原則』では、とくにバランス報道の問題点を論じている。事例として取りあげられているのは、第3章で紹介した地球温暖化報道である。「人類起源の地球温暖化は事実である」という見解に関して、この見解に賛成する科学者と反対の科学者がいるとしよう。賛成の科学者と反対の科学者の声をほぼ同等に取りあげたとすると、それはバランスがよいといえるのか、という問いである。バランスという問題だけでなく、中立の問題でもあり、公平さの問題でもあることがわかる。

もし「人為起源の温暖化は事実である」と大多数の科学者が認めている場合に、それでも賛成と反対の意見を平等にあつかったとしたら、それは事実を歪めてしまう可能性があるとコヴァッチらは指摘する。バランスをとる報道、中立・公平さをめざす報道がかえってバイアスを生む危険性がある、としるしている。基本的には、ボイコフ論文の指摘と同じである。

バランス・中立・公平についての原理的考察

「バランス」「中立」「公平」の問題について原理的な考察をしておきたい。

バランス報道を原理的にどう考えるかについては、報道の多様性の研究をしている千葉涼の論文「報道の多様性を分析する際の理論的背景と方法論の接合」[41]が手がかりをあたえてくれる。千葉は、メディア研究者のD・マクウェル（一九九二）[42]を参照しながら多様な情報の分布の仕方として「均等度（equality）」と「比例度（proportionality）」の二つをしめしている。「均等度」は多様な情報が均等に分布している状態をさし（図5-1）、「比例度」は、「何らかの基準（受け手の関心や現実社会の勢力バランスなど）に沿って」（千葉涼）、情報が分布している状態をさす（図5-2）。

事例として、二〇一六年七月に実施された東京都知事選挙の候補者と報道について考えてみる。二一人の候補が立候補し、うち三人が知名度・経験や主要政党の推薦などを理由に有力候補とみなされていた。この場合、二一人の候補者全員に均等な時間を割り当てて報道するのが「均等度」にもとづくものであり、二一人のうち有力候補三人についての報

図5－1　均等度の情報分布のモデル

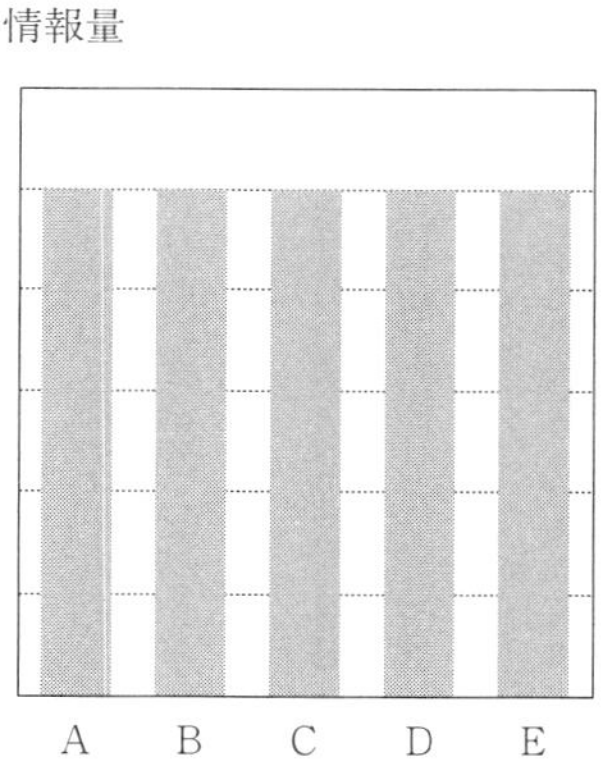

図5－2　比例度の情報分布のモデル

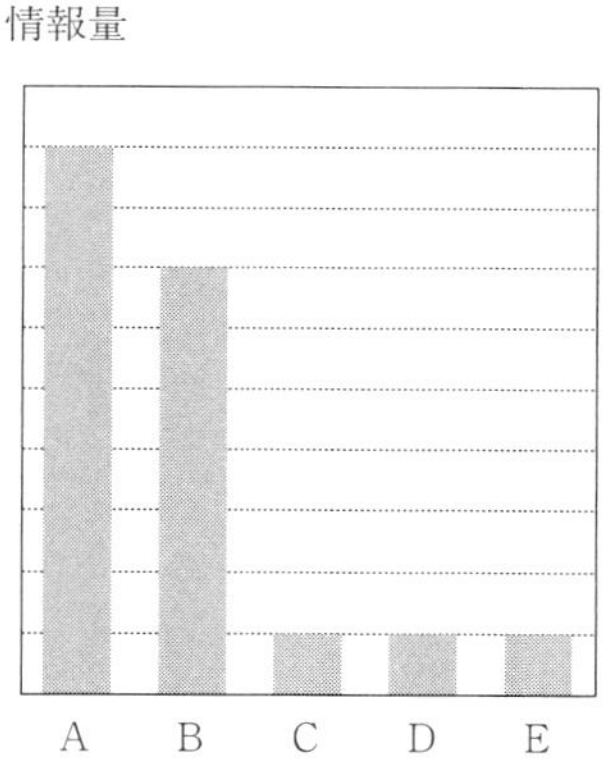

道に重点的に時間を割り当てるのは「比例度」をある程度考慮したものといえる。「均等度」と「比例度」をさらに組み合わせ、二つの報道の仕方とは異なるバランスの取り方もある。

　形式的には、この二つの報道の仕方は、それぞれの基準にしたがっただけであり、優劣をつけられるものではない。ただ、誰にとってバランスがいいか、誰にとって公平かを考えることはできる。

　候補者のうち有力候補以外の一八人にとっては、二一人を均等にあつかう「均等度」にもとづく報道が、バランスのとれた公平な報道になる。一方、有力三候補にとっては、三候補を重点的にあつかう「比例度」にもとづく報道が、バランスのとれた公平な報道になる。当初から当選の見込みが予想できない一八人のことをほとんど報じないことは、当選をめざす選挙としては当然だと考えることができるからである。

　これは、主要政党からしてみても同じことであろう。主要政党が推薦すれば、組織票をある程度予想することができる。推薦のない場合に比べて当選する可能性は高くなる。主要政党にとっては有力三候補を重点的に報じる「比例度」が理にかなった、バランスのとれた報道になるだろう。

　選挙において、もっとも重要なのは国民や都民の一票の選択である。バランスや公平性を考える場合、市民にとってのバランスや公平性がたいせつになる。その場合は、「均等度」にもとづくのか、それとも「比例度」にもとづくのか。マスメディアは紙面や放送時間に限りがあり、そのなかで、もっともバランスよくかつ公平に伝えるにはどの基準によればいいのか、一つの絶対的な解がみつかるものではないといえる。

　アベノミクスや消費税、安保法制などの政府の政策や立法についてもまた然りである。新聞やテレビの報道のなかでは、政府・与党などの記者会見やプレスリリースにもとづく発表報道が大きな比重を占めているといわれる。このことは、それぞれの政策や法案の議論において、すでに政府・与党の意見が大きな割合を占めて報じられていることを示唆している。政府・与党の立場からすれば、政策の立案と実施においてもっとも責任を有する組織の意見が大きな割合を占めるのは、バランスがよくまた公平であるということになる。しかし、野党の立場からすれば、政府・与党の情報がバイアスをもって過剰に伝えられていると考える。

市民はどうか。市民の視点に立てば、市民が主体的に考え決定するのに必要な情報をバランスよく提供してほしいというのが率直な気持ちになる。そのバランスとは何か。政府・与党の意見、野党の意見、そのほかの専門家の意見を「均等度」にもとづき報道することだろうか。それとも、世論調査による市民の意見分布を反映して、「比例度」にもとづき政府・与党や野党の意見の割合を傾斜的に決めて報道することだろうか。あるいは、政府・与党や野党などの意見について、メディアが、その根拠の程度を推しはかり、その根拠の程度を反映した「比例度」による割合で報道することも可能かもしれない。

いずれにしても、バランスのとれた公平な報道についての尺度が複数存在し、どの尺度をとればいいのかの基準はない。以上の考察で、「バランス」「中立」「公平」がジャーナリズムの原則にはなりにくいことがわかっていただけたと思う。

†ロールズの「公正」概念とジャーナリズム

ここまで、バランス・中立・公平について考察をしてきた。本書では「公正」について

「公平」とほぼ同義とみなしてきた。ただ、米国においては「公正」という概念を別に取り出して議論をするジャーナリズム論も散見される。ここでは、公正についての議論を少し紹介しておきたい。

アメリカの政治哲学者、J・ロールズが『正義論』や『公正としての正義 再説』などで展開した議論が知られており、『ジャーナリズムの原則』も「公正」の概念をロールズの理論を参照しながら説明している。

公正な報道というときには、誰にとって公正なのかを考える必要がある。情報源にとって公正であるべきか、それとも、記事自体が公正といえるのか。コヴァッチらは、公正さとは「ジャーナリストが諸事実にたいして公正であること、また、市民が諸事実を理解することにたいして公正であること」（八八頁）を意味すべきだと解釈している。しかし、公正という概念は抽象的で主観的であり、公正さの程度を測定するのは難しい、とも指摘する。やや説明不足と思料されるが、コヴァッチらは、公正は曖昧すぎる概念であり、ジャーナリズムの原則のレベルに上げることはできないと判断している。

『ジャーナリズムの原則』と同種の議論を展開しているジャーナリズム論の著作として、J・フラーの『ニュース・バリュー』がある。フラーは、ロールズの『公正としての正義』について言及し、正義とは、社会的・経済的弱者にたいする「分配的公正」のことだと紹介している。そのうえで、ジャーナリズムにおいて、分配的公正が何を意味するのかを問うている。分配的公正を守ろうとすると、ジャーナリストはすべて弱い立場の側に立って現実の諸問題を取りあげて、弱者にとって不都合な議論があることを隠してしまうかもしれない。つまり、立場の強い人に好都合な情報の発信を自制することで、社会的・経済的弱者のために報道の釣り合いをとろうとする可能性があるとフラーは指摘している。このことは、真実を追求すべきジャーナリストの誠実さと矛盾し、ぶつかってしまう。だから、「公正」をジャーナリズムの原則とするのは難しい、としている。

日本におけるジャーナリズムの議論では「弱者に寄り添う報道」あるいは「被災者に寄り添う報道」という考え方がよく登場する。ロールズの「公正」や「正義」の概念との親和性があると考えられる。ロールズの「公正」概念とジャーナリズムとの関係性は、今後さらに検討されるべき課題といえる。

†重要なのは「検証の規律」と「独立性」

本章では、「客観報道」と「公平・中立報道」という、マスメディアがこれまで重視してきた報道原則について考察してきた。客観報道については、客観性についての誤解があり、間違った意味で広まったことの弊害を指摘した。「公平・中立報道」については、公平・中立・バランスといった概念が抽象的であり、誰にとっての公平性（バランス）か、何を基準とした公平性（バランス）かで複数の考え方が存在し、一義的に決められない点を明らかにした。客観報道と公平・中立報道ともに、ジャーナリズムの原則に入れることはできない。

では、両者に代わる原則は何だろうか。

真実、市民、検証、独立性、権力監視、公開フォーラム、物語性、包括性、良心、市民の権利と義務――。以上が、コヴァッチらが提示した「ジャーナリズムの一〇の原則」のキーワードであった。このうち、「客観報道」に代わる意義をもつ原則が「検証」であり、「公平・中立報道」に代わる意義をもつ原則が「独立性」であると、私は考える。二つの原則を再掲する。

・ジャーナリズムの核心は検証の規律である。【検証】

・ジャーナリズムの実践者は取材対象者からの独立を維持しなければいけない。【独立性】

「客観報道」がニュース表現のテクニックになっていたことにたいし、「検証の規律」の原則は、取材によるデータ収集を客観的・科学的におこない、複数ルートによるチェックなどで事実やその関係性を検証していくことを旨としている。客観性とはニュース表現というよりも、取材のプロセスである。

「公平・中立報道」も取材したことをどういう割合で並べるか、という点で、ニュース表現のテクニックといえるだろう。しかし、取材そのものが不十分であれば、その並べ方の礎となる基準がみつからない。ここでも重要なのは、何をどう取材するのかという取材の際の問題意識であり、アプローチ法である。そのとき、ジャーナリストが取材対象や他のアクターから独立していることが何よりも求められることである。取材で得られた諸事実を、根拠をもって関係性をしめしながら報道していく。取材・報道においては、やはり独立していることがもっとも重要な原則になる。

本書では、STAP細胞論文、福島第一原発事故報、地球温暖化問題という三つの「科学事件」をテーマにマスメディア報道の課題を考察した。科学ジャーナリストは、複雑化しグローバル化する今日の課題を、科学の専門知識を背景におきながら主体的に読み解き、オーディエンス（読者・視聴者）に伝えていく専門ジャーナリストである。科学の世界においても、取材時の「検証の規律」と取材対象からの「独立性」が、良質の科学ジャーナリズムを実践していくときの原則になる。

終章

科学ジャーナリストは科学者とどう向き合うべきか

†科学研究の変容——CUDOS型からPLACE型へ

マスメディアの科学報道がどのような特性をもっているのか、その特性はどのようなニュース生産過程の仕組みによって生まれているのか——。本書では、STAP細胞問題、福島第一原発事故、地球温暖化問題という三つの事例をもとに、科学報道の構造について考察してきた。そして、新聞やテレビの科学報道が、より広く、マスメディア組織で構成される「マスメディア共同体」というシステムによって大きな影響をうけていることを、モデル的な考察にもとづいてしめしてきた。

そのことはわかった。しかし、重要なことを検討し忘れているのではないか。そんな声が聞こえてくるような気がする。

ご指摘のとおりである。「科学報道」のうちの「報道」にかんする分析と考察をしてきたが、「科学」そのものの考察はほとんどしてこなかった。最終章では、ごく概略ではあるが、科学社会学や科学技術社会論の知見をふまえながら、科学研究の構図と今日的な課題をみていくことにする。そのうえで、より良質の科学報道をめざすために科学ジャーナリストに求められる姿勢を探っていきたい。

社会学者のR・マートンは、歴史的な資料研究をつうじて、科学者集団がしたがうべきエートス（倫理・規範）として、共有性（Communism）、普遍性（Universalism）、無私性（Disinterestedness）、組織的懐疑主義（Organized Skepticism）という四つの原理があると指摘した。[43] 一九四二年のことである。ＣＵＤＯＳという呼び名は、四つの原理をしめす英単語の頭文字をあつめてつくられた。

マートンのＣＵＤＯＳを簡潔に説明すると次のようになる。

・**共有性**（Communism）＝共産主義という意味ではなく、広い意味でのモノの共有性をしめす。科学の新知見は社会の協働の成果であり、共同体に属する。
・**普遍性**（Universalism）＝科学的な真理の主張を受け入れるかどうかは観察と知識の一致という基準による。主張者の人種や国籍、宗教、階級などは無関係である。
・**無私性**（Disinterestedness）＝科学者は知識欲や純粋な好奇心、さらには人類に役立つという利他的な関心によって動く。
・**組織的懐疑主義**（Organized Skepticism）＝事実の入手や経験的・論理的基準に照らした第三者の精査がおこなわれるまでは判断を保留にする。

一九四二年は、第二次世界大戦中の米国のマンハッタン計画が公式にスタートした年である。英国や米国では一九四〇年前後から、日本でも一九四三年から科学者の軍事研究への組織的な動員があったように、当時、すでにCUDOSの理念と乖離するような現実が進行しつつあった。CUDOSは古典的な純粋科学のイメージがつくりだす規範ということもできるだろう。

第二次世界大戦後には、科学の成果を産業に応用しようという動きが急速に強まっていった。科学研究は、大学のなかでの独立した存在から変容し、産業との結びつきのなかですすめられるようになった。素粒子研究に代表されるように、科学研究そのものが大型装置を必要とし、巨額の予算と大人数の科学者を組織することが大前提となるような状況になった。科学研究費の多くは国の予算であり、予算獲得をめざす科学者と国家の距離が近くなった。国家の方は、たとえば「科学技術創造立国」というスローガンに象徴されるように、科学研究の推進を経済成長や国力のアップにつなげたいと明確に意識するようになり、科学研究を国家の枠組みのなかに組み込んでいった。一方、知の生産という点では、科学研究の専門領域が極度に細分化され、分断化されていった。

多くの科学者にとって、CUDOSは雲の上の理想として遠ざかっていった。

現実の科学は、CUDOSの規範とは異なる原理で動いている。こう主張したのは、物理学者のJ・ザイマンである。一九九四年、ザイマンは、CUDOSに代わるPLACE

という原理を提唱した[44]。PLACEとは、所有的（Proprietary）、局所的（Local）、権威主義的（Authoritarian）、請負的（Commissioned）、専門的な仕事（Expert work）である。

科学研究の成果はある階級に独占され、研究自体、狭い専門分野でしか通用しないものになっている。また、科学者は権威主義的な存在となり、国などからの委託をうけて仕事をする専門家としてふるまっている。これはPLACEの行動原理がしめす科学の営みの姿である。「共有性」「普遍性」「無私性」「組織的懐疑主義」というCUDOSの行動規範が生み出す科学のイメージとは大きく異なることがわかる。

†PLACEからみたSTAP細胞問題

ただし、CUDOSとPLACEが意味するところの根本的な違いに注意すべきである。議論があることを承知で私なりの解釈をいれて語らせてもらうと、CUDOSとは「普遍言語」といわれてきた科学知の集積と更新を使命とする科学者が「したがうべき規範」といえる原理である。CUDOSには科学の理念が込められている。一方のPLACEは、現代の科学者が、現実の政治や社会の環境に対応してすすめている行動様式を要点化したものである。科学研究をとりまく環境を意識した「現実対応のための行動基準」と位置づけることができる。

端的にいうと、CUDOSは「科学者がしたがうべき理想」であり、PLACEは「科学者がしたがっている現実」である。

実際には、科学研究の体制化が強固なかたちで進行し、PLACEという行動基準が科学者の日常を律する力として、ますます強くはたらくようになっている。たとえば、第1章で取りあげたSTAP細胞問題では、その背景として、科学研究の成果主義が強まっていることがあげられる。今日の科学研究が、権威をもつ科学者（権威主義的）を中心に国家の予算を競争的に受託（請負的）してすすめられている現実を反映したものである。研究機関や大学の資金獲得競争が激化し、研究成果のPRの行き過ぎが懸念される。STAP細胞問題においても、理化学研究所が設定した記者会見における過剰な広報がのちに批判の的となった。内容の斬新さや特許がからみ、STAP研究は理研内部でも秘密主義のもとですすめられていた（所有的、局所的）。

CUDOS型の科学研究と比較すると、PLACE型の科学研究は、どこかに歪みが生じやすい。その違いは、CUDOS型の組織的懐疑主義とPLACE型の権威主義との差に端的にあらわれているともいえる。PLACE型の科学研究の方が、科学者集団の外からの圧力を受けやすい構造もある。その意味で、科学ジャーナリストはPLACE型科学研究の特質をよく認識し、対応についての心構えと準備をしなければいけない。

科学史家の村上陽一郎は、ＳＴＡＰ細胞をめぐる初期のメディア報道について、「刺激的、感動的な物語をセンセーショナルに作り上げ、一転、手のひらを返すような否定的な物語を、もう一度センセーショナルに打ち出」したものだったと批判している（「メディアは専門家からの働きかけに対し、合理的に対応できるだけの見識を持て」、月刊『ジャーナリズム』二〇一四年八月号九頁）。そのうえで、メディアにたいし次のような提言をしている。

「割烹着」だの「リケジョ」だの「コペルニクス的業績」だの、ことの本質とは別の次元の話を持ち出して、科学者の側の演出に協力する必要があったのか。言い換えれば、メディアの側では、そうした専門家の側の過度の働きかけに対して、合理的に対応できるだけの見識を備えていることが強く求められていることになる。（前掲書一〇頁）

今回のケースの難しさは村上も理解している。そこで考えておくべきなのは、適切な判断を期待できる複数の専門家のリストを用意し、いざというときの対応に活用することである、と述べている。ＰＬＡＣＥ型研究の特質を理解しておけば、真偽を見分けるための心構えはできるだろう。また、ＳＴＡＰ細胞は論文掲載型報道であるという枠組みを十分に認識しておけば、いずれにしても、センセーショナルな報道にはならなかったはずである。

†三つの事例に共通する「固い」科学観

日本社会に広く流通している科学のイメージは「固い」科学観とよばれる。

藤垣裕子らによると、「固い」科学観には①「科学知識はつねに正しい」、②「いつでも確実で厳密な答えを用意してくれる」、③「確実で厳密な科学的な知見がでるまでは、環境汚染や健康影響の原因の特定はできない」といった特徴がある。[45] 科学は絶対的でまちがいのないものであり、不確実な要素はない、という科学イメージである。一般の市民だけでなく、政策決定をする技術官僚も、この「固い」科学観をもっているという。「固い」科学観という科学モデルは、本書で取りあげたSTAP細胞問題、福島第一原発事故、そして地球温暖化問題という三つの事例を読み解く共通の土台を提供してくれる。

三つの事例をふりかえってみよう。

STAP細胞問題の報道では、マスメディアがもつ「固い」科学観が大きな影響をあたえた。理化学研究所という著名な研究所、日本を代表する著名な研究者、そして世界的に名高い著名な学術誌への掲載という「正当性」の要素がそろい、科学者側が有する権威が、STAP細胞論文を「正しい科学成果」と位置づけさせてしまった。

福島第一原発事故の炉心溶融問題において、マスメディアは、政府・東京電力の記者会見の内容をほぼそのまま伝える発表報道をした。この場合、「不確定なので炉心溶融とは言えない」とした論理を展開した点に、政府・東電の「固い」科学観があらわれている。それは藤垣らの説明の③に相当する。記者会見をうけたメディアもまた「固い」科学観に支配され、発表報道になったと考えられる。

地球温暖化問題において、日本のマスメディアは、世界の気候変動学者らで組織する「IPCC」(気候変動問題に関する政府間パネル)に全面的に依拠した報道をしてきた。IPCCの温暖化人為起源説を強調し、懐疑論をほとんど取りあげないかたちですすんできた。IPCCは科学者集団としての権威を持ち、「つねに正しい科学知識を提供してくれる」存在となった。ここにマスメディアの「固い」科学観があらわれている。じつは、IPCCの計五回の報告書には「科学的な不確実性」にかんする記述も登場しているが、日本のマスメディアは、その部分をほぼ捨象するかたちで報道をおこなってきた。

†人間の営みとしての科学研究と科学報道

科学は、ある時点で完成した知の体系としてとどまっているものではない。絶えず新しい研究成果がでて、それまでの科学知識が上書きされ、更新されていく。更新されるのは、それまでに不確定だったもの、わからなかった事柄があることを意味している。地球温暖化問題にかぎらず、科学には不確実な部分は必ずあると考えるのが自然である。

それなのに、なぜ「固い」科学観が支配的になるのだろうか。それぞれの国や地域の文化的な特徴があるのかもしれない。あるいは、「ステレオタイプ」といわれる、人間の認識の仕方の枠組みが影響しているのかもしれない。

「固い」科学観を打ち破るような報道は、どうすれば可能だろうか。

難題ではある。ここでは二点について方向性をしめしてみたい。

一つは、科学研究を「科学知の総体」としてだけみるのではなく、科学者という「人間の営み」としてもみることである。それは、科学研究をザイマンのPLACEの視点でみることにつながる。科学者の世界でも、人間関係や組織、名誉、出世、お金といったことは重要である。科学者共同体の内部構造と外部構造について、個人や組織に焦点をあててみていけば、「固い」科学観を打ち破る契機となるはずである。

もう一つは、既存の科学記事の手法を批判的に分析し、見直すことである。

前述のとおり新聞の場合は、一般市民が読者であることから、科学記事においても「中学生にもわかる記事」「おばあちゃんにもわかる記事」を書くように先輩記者やデスクから指導される。わかりやすい表現はとても大事なことなのだが、わかりやすさのために犠牲になっている部分はけっして小さくはない。重要なことでもわかりにくい部分は外したり、あえて不確実な部分についての指摘を避けてしまったりすることで、科学研究のもとの姿とは異なる内容が伝わったりする。一般読者の「固い」科学観を反映して、記事の「固い」科学観がさらに強化される構造になっているのではないかと推察する。紙面を製作する編集者（整理部）の人も文系出身の人が多く、記事の「固い」科学観を強化する方向にはたらくのだろう。

科学研究だけでなく、自らが業としている取材・報道の過程もまた「人間の営み」である。そうした視点に立ち、「固い」科学観を打ち破る、新しい科学取材方法と表現スタイルを模索するときがきている。

注

1　グーグル検索により各新聞社の二〇一四年一月二九日のネット記事を検索し、記事の掲載時間を特定した。
2　掲載したツイートは、ツイッターの「高度な検索」機能を利用し、〈毎日新聞　万能細胞〉、〈NIKKEI　万能細胞〉というキーワードで二〇一四年一月二九日分を対象に検索し、抽出したものから選んだ。
3　河田孝雄「小保方博士らのSTAP細胞Nature論文、報道解禁破りは英国のメディア」（日経バイオテクONLINE Vol.2001、二〇一四年一月三一日）
https://bio.nikkeibp.co.jp/article/news/20140131/173688/
4　尾関章（二〇一四）「3・11に続くSTAPの衝撃　今こそ基礎科学報道を強めるべきだ」『ジャーナリズム』朝日新聞社2014-08, pp. 12-20
5　Nobelprize.org 'Nomination and Selection of Medicine Laureates'
https://www.nobelprize.org/nomination/medicine/
6　Nobelprize.org 'Johannes Fibiger-Facts'
https://www.nobelprize.org/nobel_prizes/medicine/laureates/1926/fibiger-facts.html
7　トムソン・ロイター「インパクトファクターについて」

http://ip-science.thomsonreuters.jp/ssr/impact_factor/

8 ネイチャーアジア「二〇一六年発表　インパクトファクター」
http://www.natureasia.com/ja-jp/info/journals/impact-factors

9 Nature.com authors & referees : peer review policy
http://www.nature.com/authors/policies/peer_review.html

10 『毎日新聞』二〇一四年三月一七日朝刊《激震・ＳＴＡＰ細胞／下　ネットの検証、高度化　告発、科学誌査読を補完》

11 G. Vogel, D. Normile 'EXCLUSIVE: Nature reviewers not persuaded by initial STAP stem cell papers' Science Sep. 11, 2014
http://www.sciencemag.org/news/2014/09/exclusive-nature-reviewers-not-persuaded-initial-stap-stem-cell-papers

12 理化学研究所ＣＤＢ自己点検検証委員会「ＣＤＢ自己点検の検証について」二〇一四年六月一〇日
http://www3.riken.jp/stap/j/c13document14.pdf

13 詫摩雅子「STAP騒動、Nature誌がつけるべき落とし前　科学的には決着も、自身の問題点に触れず」JBPress二〇一五年一〇月五日（Yahoo!ファイナンスに掲載。http://news.finance.yahoo.co.jp/detail/20151005-00044906-jbpress-column）

14 詫摩雅子　同右

15 Nature Embargo Policy : http://www.nature.com/nature/authors/policy/embargo.html

16　千葉修・小林文明・金田昌樹（二〇一二）「東日本大震災時の気象：主として仙台平野の場合」『黒潮圏科学』5（2）、P169-174
17　冨永謙吾（一九七〇）『大本営発表の真相史』自由国民社
18　新潟県原子力発電所の安全管理に関する技術委員会「福島事故検証課題別ディスカッション」のHP http://www.pref.niigata.lg.jp/genshiryoku/1356771524701.html
19　東京電力「福島第一原子力発電所1～3号機の事故の経過の概要」http://www.tepco.co.jp/nu/fukushima-np/outline/2_1-j.html
20　東京電力株式会社『福島原発事故調査報告書』二〇一二年六月二〇日 http://www.tepco.co.jp/cc/press/betu12_j/images/120620j0303.pdf
21　東京電力「福島事故時のメルトダウン等の情報発信の問題点と現状の対応状況」二〇一三年一一月一四日に新潟県技術委員会に提出。http://www.pref.niigata.lg.jp/HTML_Article/105/54/131114tokyodenryokumeltdown, 3.pdf
22　新潟県原子力発電所の安全管理に関する技術委員会「資料 No.1-4　確認できた事実（課題4　メルトダウン等の情報発信の在り方）」二〇一五年五月二七日開催 http://www.pref.niigata.lg.jp/HTML_Article/313/361/No.14, 11.pdf
23　同右
24　本研究サイト「FUKUSHIMA　STUDY」は、科学研究費補助金基盤研究（C）「福島第一原発事故における日本政府記者会見と各国の新聞報道の分析」（二〇一四年度～二〇一六年度、研究代表者・瀬川至朗）のサポートにより運営している。

25 原子力安全基盤機構が、福島原発事故の前の年の二〇一〇年一〇月に公表した「平成二一年度　地震時レベル2PSAの解析（BWR）」という報告書である。

26 'A commendable conference' "PARIS2015 COP21・CMP11"
http://www.cop21.gouv.fr/en/a-commendable-conference/

27 本書では、環境省がまとめた『IPCC第5次評価報告書の概要─第1作業部会（自然科学的根拠）─』を参考にして記述する。
https://www.env.go.jp/earth/ipcc/5th/pdf/ar5_wg1_overview_presentation.pdf

28 環境省「IPCC第1次評価報告書（FAR）の概要」を参考にした。
http://www.env.go.jp/earth/ondanka/ipccinfo/IPCCgaiyo/report/IPCChyoukahoukokusho1.html

29 英バートン判事の裁定の全文は以下のURLから読むことができる。
http://www.bailii.org/ew/cases/EWHC/Admin/2007/2288.html

30 二〇一六年八月末現在、SPPIのホームページで報告書「三五の不都合な真実──アル・ゴア映画の誤り」にたどり着くことはできない。報告書には以下のURLでアクセスできる。
http://www.androidworld.com/monckton-response-to-gore-errors.pdf

31 C.Brahic 'Al Gore's An Inconvenient Truth: unscientific?' "NewScientist Blogs" Oct 12, 2007.
https://www.newscientist.com/blog/environment/2007/10/al-gores-inconvenient-truth.html

32 Boykoff, M. T. & Boykoff, J. M.（2004）. Balance as bias: Global warming and the US prestige

press. Global Environmental Change, 14（2）, 125-136.

33　二〇一五年に出版した拙稿「地球環境問題とジャーナリズム―客観・バランス報道は何をもたらすのか」（『メディアは環境問題をどう伝えてきたのか――公害・地球温暖化・生物多様性』（ミネルヴァ書房）に所収）では、「fairness」を「公平さ」と訳していた。本書では「公正さ」と訳している。「公平さ」は「impartiality」という言葉の訳が適切であり、それと「fairness」を区別する必要を感じたからである。これ以外にも、ジャーナリズムの規範の議論において本書では「地球環境問題とジャーナリズム」とは異なる枠組みを用いている箇所が他にもある。二〇一五年の拙稿をふまえ、さらに考察を加えて枠組みを更新したのが本書だと考えていただきたい。

34　米ギャラップ社の環境問題に関する世論調査の結果は以下のＵＲＬに掲載されている。
http://www.gallup.com/poll/1615/Environment.aspx

35　Doran, P. T., & Zimmerman, M. K.（2009）. Examining the scientific consensus on climate change. Eos, 90（3）, 22-23.

36　Cook, J. et all.（2013）. Quantifying the consensus on anthropogenic global warming in the scientific literature. Environmental Research Letters, 8（2）, 24024.

37　朝山慎一郎・石井敦（二〇一一）「地球温暖化の科学とマスメディア――新聞報道によるＩＰＣＣ像の構築とその社会的含意（特集 地球温暖化問題）」『科学技術社会論研究』（9）, pp.70-83。

38　朝山慎一郎（二〇一五）「気候変動におけるメディアと政策のはざま」関谷直也・瀬川至朗編著『メディアは環境問題をどう伝えてきたのか　公害・地球温暖化・生物多様性』ミネルヴァ書房，

pp.269-270。

39 Kovach, B. and T. Rosenstiel (2007), The Elements of Journalism : what newspeople should know and the public should expect, Three Rivers Press.

40 Meyer, P. (2002). Precision journalism : a reporter's introduction to social science methods. A Midland book, MB-163 (4th ed.). Book, Bloomington.: Indiana University Press.

41 千葉涼（2016）「報道の多様性を分析する際の理論的背景と方法論の接合」『早稲田政治経済学雑誌』No.389-390、44-61頁

42 McQuail, D. (1992). Media performance: Mass communication and the public interest. Sage.

43 オリジナルはR.T. Merton (1942), 'Science and Technology in a Democratic Order,' "Journal of Legal and Political Sociology," 1, pp. 115-126。ここではR.T. Merton（1979）"The Sociology of Science: Theoretical and Empirical Investigations," University of Chicago Press も参考にした。

44 J. Ziman（1994）"Prometheus Bound: Science in a Dynamic State," Cambridge University Press. 本稿では邦訳である村上陽一郎・川崎勝・三宅苞共訳（一九九五）『縛られたプロメテウス／動的定常状態における科学』（シュプリンガー・フェアラーク東京）を参考にした。

45 藤垣裕子・廣野喜幸（二〇〇八）「はじめに」、藤垣・廣野編『科学コミュニケーション論』東京大学出版会、vi頁

あとがき

マスメディア報道の構造、とくに科学報道の構造について考察してきた。構造的な問題に焦点をあてた結果、記者はマスメディア組織の慣行にしたがうマシンにすぎない、というイメージが強調されすぎたかもしれない。

実際のところ、わたしが経験した記者の仕事は、そのイメージとは正反対で、じつに面白く、かつやり甲斐のあることが多かった。その点を補足しておきたい。

記者の仕事の醍醐味は、自分の問題意識にもとづいて人に会いに行き、多くの人が知らないような話をナマで聞くことができることだとおもう。

事例を一つ紹介したい。

アポロ11号の宇宙飛行士、バズ・オルドリン氏とのインタビューである。オルドリン氏は、一九六八年七月二〇日、アームストロング船長とともに人類で初めて月に降り立った人物である。宇宙服を着用した二人は月面を飛び跳ねるように歩き、星条旗を立てた。

一九九七年一二月、米西海岸にあったオルドリン氏の自宅でのインタビューで、わたしは月面に立ったときの印象をたずねた。そのとき「じつは最近、月面での記憶が薄らいでいるんだ」と拍子抜けするような答えが返ってきた。取材をしたときには月面着陸から二九年が経過していた。鮮明に覚えている方がおかしいのかもしれない。オルドリン氏は次のように言葉をつないだ。「だが、多くの人が（テレビなどを通じ）われわれと一緒に月面体験を共有してくれている」。人の記憶、そして人とメディアの関係というものを妙に納得した瞬間だった。

わたし自身は、記者クラブに張りつくように常駐した経験はそれほど長くはない。若いころは、大きな事件がおきると担当でなくても応援取材に入らないといけないので、けっこう、たいへんではあった。それでも多くの時間は、自分で企画を考え、ネタを探して取材をする生活をしてきたとおもう。

それでは、本書で考察してきたマスメディア報道の構造と、わたし自身の記者経験というものは矛盾しているのだろうか。いや、矛盾しているわけではなく、共存しているのである。

次のように考えることができる。

マスメディアの記者は多様であり、その仕事ぶりも多様である。しかし、第4章でみたように、記者クラブ制度を核とした「マスメディア共同体」という閉じた存在があり、個々のマスメディア組織のふるまいを大本で規定している。結果、マスメディア組織の中心的な報道が発表報道となり、記者の問題意識からはじまる他の多様な報道が「周縁」に追いやられてしまう構造ができている。

マスメディア組織において発表報道を再生産する構造を支えているのは、「デスク」といわれるポストの人々である。デスクは編集局の各部門ネットワークのハブとなるポストであり、組織的には中間管理職である。本来は多様だった記者集団のなかから、メディアの慣行を守るタイプの人材が選抜されやすいポストである。ニュースを選択するゲートキーパーとしても機能するデスクはマスメディア共同体の維持と再生産における重要なアクターであり、今後のニュース生産過程の研究課題として考えていきたい。

第3章の福島第一原発事故の報道分析では、大学の同僚である山田耕氏（早稲田大学政治経済学術院准教授）に、交差相関分析についてのアドバイスをもらった。また、社会技術システム安全研究所所長の田辺文也氏には、インタビューに快く応じていただき、また、福島第一原発事故の初期の状況についての記述を確認していただいた。厚くお礼を申しあげたい。なお、内容分析のための新聞記事のデータ整理の一部をジャーナリズム大学院生に依頼したが、交差相関分析以外は、基本的にわたしが手作業で報道分析を実施した。データなどに間違いがあれば、すべてわたしの責任である。

科学報道の考察については、拙稿「新聞の科学報道とジャーナリズムの規範的機能――専門ジャーナリズムは機能しているのか」(『早稲田政治経済学雑誌』No.373、七二-九四頁)も合わせてお読みいただければ幸いである。

本文では基本的に敬称を省略させてもらった。ただし、第1章のSTAP細胞問題においては、登場する研究者の方々を敬称なしで書くと、その方々への批判的な印象が強くなったため、「氏」をつけさせてもらった。

原稿執筆におけるインターネット情報の最終アクセス日は、二〇一六年一〇月二〇日である。

本書のきっかけは、二〇一四年六月に、当時、筑摩書房新書編集部に在籍されていた湯原法史氏(現・早稲田ジャーナリズム大賞事務局長)から「科学ジャーナリズムについて書いてみませんか」と提案されたことだった。、忙しさにかまけて、構想を温める期間が長くなったが、湯原さんの鷹揚なる励ましと、後任の天野裕子さんの的確なスケジュール管理とアドバイスのおかげで、二年半で何とか完成にこぎ着けることができた。ふりかえってみれば、構想を温める期間に下地をしっかり固めることができたとおもう。後押しをしてくれたお二人に深く感謝申しあげたい。

二〇一六年一〇月

瀬川至朗

ちくま新書
1231

科《か》学《がく》報《ほう》道《どう》の真相《しんそう》
――ジャーナリズムとマスメディア共同体《きょうどうたい》

二〇一七年一月一〇日 第一刷発行

著者 瀬川至朗（せがわ・しろう）

発行者 山野浩一
発行所 株式会社 筑摩書房
東京都台東区蔵前二-五-三 郵便番号一一一-八七五五
振替〇〇一六〇-八-四一二三
装幀者 間村俊一
印刷・製本 三松堂印刷 株式会社

本書をコピー、スキャニング等の方法により無許諾で複製することは、法令に規定された場合を除いて禁止されています。請負業者等の第三者によるデジタル化は一切認められていませんので、ご注意ください。

乱丁・落丁本の場合は、左記宛にご送付ください。
送料小社負担でお取り替えいたします。
ご注文・お問い合わせも左記へお願いいたします。
〒三三一-八五〇七 さいたま市北区櫛引町二-六〇四
筑摩書房サービスセンター 電話〇四八-六五一-〇〇五三

© SEGAWA Shiro 2017 Printed in Japan

ISBN978-4-480-06927-6 C0295

964 科学哲学講義 森田邦久
科学的知識の確実性が問われている今こそ、科学の正しさを支えるものは何かを、根源から問い直さねばならない！　気鋭の若手研究者による科学哲学入門書の決定版。

944 分析哲学講義 青山拓央
現代哲学の全領域に浸透した「分析哲学」。言語のはたらきの分析を通じて世界の仕組みを解き明かすその手法は切れ味抜群だ。哲学史上の優れた議論を素材に説く！

1045 思考実験 ——世界と哲学をつなぐ75問 岡本裕一朗
「考える」ための最良の問題を用意しました！　古典的な哲学の難問や複雑な現代を象徴する事件を思考することで、一皮むけた議論ができるようになる。

1060 哲学入門 戸田山和久
言葉の意味とは何か。私たちは自由意志をもつのか。人生に意味はあるか……こうした哲学の中心問題を科学が明らかにした世界像の中で考え抜く、常識破りの入門書。

1119 近代政治哲学 ——自然・主権・行政 國分功一郎
今日の政治体制は、近代政治哲学が構想したものだ。ならば、その基本概念を検討することで、いまの民主主義体制が抱える欠点も把握できるはず！　渾身の書き下し。

974 原発危機　官邸からの証言 福山哲郎
本当に官邸の原発事故対応は失敗だったのか？　当時の官房副長官が、自ら残したノートをもとに緊急事態への取組を徹底検証。知られざる危機の真相を明らかにする。

971 夢の原子力 ——Atoms for Dream 吉見俊哉
戦後日本は、どのように原子力を受け入れたのか。核戦争の「恐怖」から成長の「希望」へと転換する軌跡を、緻密な歴史分析から、ダイナミックに抉り出す。

ちくま新書

1160
あざむかれる知性
――本や論文はどこまで正しいか
村上宣寛
直感や思いつきは間違いの元。ダイエット、健康、仕事、幸福について、メタ分析を駆使した結論を紹介。ゴミ知識にまどわされず本当に有益な知識へ案内する。

565
使える！　確率的思考
小島寛之
この世は半歩先さえ不確かだ。上手に生きるには、可能性を見積もり適切な行動を選択する力が欠かせない。確率のテクニックを駆使して賢く判断する思考法を伝授！

628
ダメな議論
――論理思考で見抜く
飯田泰之
国民的「常識」の中にも、根拠のない〝ダメ議論〟が紛れ込んでいる。そうした、人をその気にさせる怪しい議論をどう見抜くか。その方法を分かりやすく伝授する。

582
ウェブ進化論
――本当の大変化はこれから始まる
梅田望夫
グーグルが象徴する技術革新とブログ人口の急増により、知の再編と経済の劇的な転換が始まった。知らないではすまされない、コストゼロが生む脅威の世界の全体像。

857
日本経済のウソ
髙橋洋一
円高、デフレ、雇用崩壊――日本経済の沈下が止まらない。この不況の時代をどう見通すか？　大恐慌から現代まで、不況の原因を検証し、日本経済の真実を明かす！

921
お買い物の経済心理学
――何が買い手を動かすのか
徳田賢二
我々がモノを買う現場は、買い手と売り手の思惑がぶつかり合う場所である。本書は、経済学の知見をもとに売買の原理を読み解き、読者を賢い買い方へと案内する。

068
自然保護を問いなおす
――環境倫理とネットワーク
鬼頭秀一
「自然との共生」とは何か。欧米の環境思想の系譜をたどりつつ、世界遺産に指定された白神山地のブナ原生林を例に自然保護を鋭く問いなおす新しい環境問題入門。

ちくま新書

339 「わかる」とはどういうことか ——認識の脳科学 山鳥重
人はどんなときに「あ、わかった」「わけがわからない」などと感じるのか。そのとき脳では何が起こっているのだろう。認識と思考の仕組みを説き明す刺激的な試み。

966 数学入門 小島寛之
ピタゴラスの定理や連立方程式といった基礎の基礎を出発点に、美しく深遠な現代数学の入り口まで到達する道筋がある！　本物を知りたい人のための最強入門書。

970 遺伝子の不都合な真実 ——すべての能力は遺伝である 安藤寿康
勉強ができるのは生まれつきなのか？　ＩＱ・人格・お金を稼ぐ力まで、「能力」の正体を徹底分析。行動遺伝学の最前線から、遺伝の隠された真実を明かす。

986 科学の限界 池内了
原発事故、地震予知の失敗は科学の限界を露呈した。科学に何が可能で、何をすべきなのか。科学者の倫理を問い直し「人間を大切にする科学」への回帰を提唱する。

1003 京大人気講義　生き抜くための地震学 鎌田浩毅
大災害は待ってくれない。地震と火山噴火のメカニズムを学び、災害予測と減災のスキルを吸収すべき時は、まさに今だ。知的興奮に満ちた地球科学の教室が始まる！

1018 ヒトの心はどう進化したのか ——狩猟採集生活が生んだもの 鈴木光太郎
ヒトはいかにしてヒトになったのか？　道具・言語の使用、文化・社会の形成のきっかけは狩猟採集時代にあった。人間の本質を知るための進化をめぐる冒険の書。

1137 たたかう植物 ——仁義なき生存戦略 稲垣栄洋
じっと動かない植物の世界。しかしそこにあるのは穏やかな癒しなどではない！　昆虫と病原菌と人間の仁義なきバトルに大接近！　多様な生存戦略に迫る。